윤석열 정부 시대의 돈 버는 부동산 투자 전략

사야 할 집 팔아야 할 집

윤석열 정부 시대의
돈 버는 부동산
투자 전략

채상욱 지음

사야 할 집
팔아야 할 집

포레스트북스

정책은 돌고 돈다.
윤 정부 시대 생존 전략

정부 정책을 분석하는 일을 10년 넘게 해오다 보니, 2022년 5월 출범한 새 정부 시대에 부동산은 어떻게 대응해야 하느냐는 질문을 종종 받는다. 그러면 나는 "문재인 정부에서는 똘똘한 한 채 중심의 시대를 보냈다면, 윤석열 정부에서는 '180도' 다른 시대를 보내게 될 것 같다"라고 답변하곤 한다.

🔍 윤 정부 시대 최우선 전략

다음 그림은 윤석열 정부 시대에 가장 유리하다고 할 수 있는 주택 포지션을 정리한 것이다. 전용면적 60㎡ 이하이며, 지역은

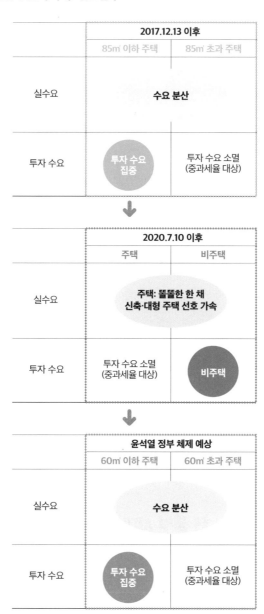

출처: 채상욱의 <부동산심부름센터>

1기 신도시와 1990년대에 준공된 단지를 중심으로 매수하는 것 또는 구도심 정비사업 및 리모델링 대상의 소형 아파트를 투자로 매수하고, 이를 주택임대사업자로 등록하여 현 민특법이 제공하는 모든 세제 혜택을 받는 것이 최우선 전략이라는 의미다. 물론 이는 철저히 윤 정부의 부동산 정책 효과 측면만을 본 전략이다. 실제로는 금리, 대출, 경제성장률 등과 같은 매크로 요건들이 복합적으로 반영되면서 흘러갈 것이다. 다만, 정부가 의도하는 대로 간다면 이와 같은 그림이 될 것이다.

일견 투기적으로 보이는 이 방식은 사실 우리가 이미 한번 경험한 적이 있다. 2015년 1월부터 2018년 9·13정책 발표 때까지 주택임대사업자가 활성화되던 시기에 가장 유효했던 투자 전략이다. 종부세는 주택 수가 몇 채든지 등록만 하면 비합산된다는 장점이 있었고, 양도소득세 역시 장기보유특별공제가 대폭 확대돼 유명무실해졌기 때문이다. 윤 정부에서 장기보유특별공제를 최대 70%에서 80%로 높여놓은 것 역시 엄청난 혜택을 추가로 부여하는 것과 같다.

이대로 흘러간다면, 즉 윤석열 정부의 부동산 공약대로라면 소형 주택을 향한 투자 수요와 1기 신도시 재건축을 향한 투자 수요가 팽창하고 이들 주택의 가격이 급상승할 가능성이 크다고 보는 게 합리적이다.

박근혜 정부와 윤석열 정부의 주택 시장 대응 전략에서 사소하게 달라진 점이라면 주거전용면적을 들 수 있다. 박 정부에서는 전용면적 85㎡ 이하 주택이 대상이었는데 윤 정부에서는 전용면적 60㎡ 이하가 주요 대상이라는 점이 다르다.

오히려 관전 포인트는 기업형 임대주택이라는 제도가 우리나라에서 다시 한번 성공할 수 있느냐가 될 것이다. 2022년 이 시점에 윤 정부의 부동산 공약을 정독하며 들었던 생각 중 하나는 기업형 임대주택 시즌 2는 제발 성공으로 끝났으면 하는 것이었다.

임대주택의 새로운 공급원 없이, 즉 전체 주택 수의 변화 없이 다주택자가 소형 주택을 전세 끼고 매입하고 주택임대사업자로 등록하면, 표면적으로는 임대 공급이 증가하면서 임차료가 안정화될 수 있다. 그러나 이는 소형 주택의 매매 가격 강세를 용인하겠다는 소리나 진배없다. 투자자들은 소형 주택을 더 적극적으로 매수하여 과열을 만들어낼 것이다.

따라서 임대차 시장을 안정화하기 위해서는 필연적으로 임차 주택의 대량 공급이 필요한데, 다행스럽게도 3기 신도시를 기업형 임대주택에 활용하는 정책을 펼치겠다고 공약함으로써 과거 박근혜 정부 시절의 뉴스테이와 달라질 수 있는 지점을 확보한 것이 가장 큰 변화라고 보고 있다. 어쨌든 기업들은 '건설'을 통해서 신규 임대주택을 공급할 것이고, 이것이 매입 중심의 개인들과 차별화되는 부분이기 때문이다. 설령 그들이 10년 후 분양 전환에 나선다고 하더라도 어쨌든 10년이라는 시간 동안 순수 임대주택을 대거 공급하면서 임차료가 안정될 시간을 벌어주지 않겠는가. 물론 이마저도 물리적 공급에 수년의 기간이 소요된다는 점에서 단기에 영향을 미칠 수 없다는 점은 아쉽다.

🔍 중요한 것은 시간이지, 타이밍이 아니다

현재 시장의 관심은 문재인 정부의 부동산 규제가 언제 해소되느냐에 쏠려 있는 것 같다. 문재인 정부 5년간 쌓아 올린 부동산 정책들의 내용이 방대하고, 법령의 개정을 통한 것들이 상당량을 차지하기 때문에 국회가 여소야대인 국면에서 윤 정부 초반에 이들을 전부 완화하거나 폐지하는 등 무력화한다는 것은 불가능에 가깝다. 집권 초기부터 부동산 규제와 씨름하는 것이 좋을지에 대한 정치적 판단도 분명 들어갈 것이기에, 모든 규제가 짧은 시간 안에 완화되리라고 보기는 어렵다. 부동산 관련 언론이나 인터넷 카페 등에서는 벌써부터 어떤 제도는 시행령으로 개선할 수 있고, 어떤 제도는 법의 개정이나 폐지가 필요한지에 대해서 논의한다. 당연히 나올 수 있는 반응이지만, 너무 조급하게 대응할 필요가 없다는 것이 투자자들의 입장일 것이다.

물론, 시간의 문제일 뿐 윤 정부 부동산 정책의 답은 정해져 있다고 보는 것이 합리적이다. 문 정부가 그들의 주택 시장 철학을 시장에 정책으로 낸 것처럼, 윤 정부 역시 주택 시장 철학이 명확하며 이를 빈틈없이 정책으로 발표했고 앞으로 그것을 추진하기 위해 온 힘을 다할 것이다. 당장은 덜커덕거리겠지만, 5년 동안 이런 변화를 직접 일으킬 것으로 보는 것이 합리적이다. 향후 5년을 책임질 주체는 윤석열 정부이니 말이다.

이런 구도 속에 주택 시장의 실수요자들은 어떻게 대응해야 할까? 중요한 것은 해당 목적지까지 가는 경로에 대한 시간 개념을 탑재하는 것이다. 즉, 새 정부의 주택 정책 목표가 구체화됐긴 하나, 그 목표를 달성하는 데 걸리는 과정과 시간을 고려하면서 대응해야 하는 어려움이 존재한다는 것이다.

이쯤에서 유명한 투자 구루 중 한 명인 하워드 막스의 말을 소개할까 한다. 그는 2022년 3월 삼프로TV와의 인터뷰에서 자기 친구가 한 말이라면서 이렇게 말했다.

"The Key is the time, not the timing."

'중요한 것은 시간이지, 타이밍이 아니다'라는 뜻이다. 대체 무슨 의미일까? 장기적인 관점에서의 투자는 항상 수익을 안겨주므로, 자신의 투자 결과를 보는 데 시간을 들이는 것이 중요하다는 얘기다. 이것이 투자의 적절한 매수·매도 시점을 찾는 것, 즉 타이밍을 찾는 것보다 더 중요하다는 뜻이다. 나 역시 그의 말에 동의하는데, 결국 장기적 관점에서 투자해야만 단기적인 변동성을 헤지할 수 있고 장기적인 성장의 경로에 올라탈 수 있다고 생각해서다.

🔍 실전에 도움되는 키 포인트

앞으로의 전략을 세울 때 2장이 특히 도움이 될 것이다. 도시의 구조를 파악하면 미래에 지금보다 좋아질 만한 지역을 미리 알 수 있다는 점을 집중적으로 설명했다. 도시를 크게 네 가지 지역으로 나눠서 이야기했는데, 첫 번째는 해당 도시의 '구도심' 지역이다. 두 번째는 1990년대에 주로 건설된 '1기 신도시·신시가지' 지역이다. 세 번째는 2000~2010년대에 지어진 '2기 신도시·신시가지' 지역이다. 그리고 네 번째는 구도심을 재정비한 '구도심 재정비' 지역이다.

이들 4개 지역은 해당 도시의 발전 역사에 따라 가장 주목받는 지역을 서로 넘겨받으면서 성장해왔다. 1980년대 이전은 구도심 지역이, 1990년대부터는 1기 신도시·신시가지 지역이, 2000~2010년대에는 2기 신도시 지역이, 2000~2020년에는 구도심 재정비 지역이 서로 중복되거나 개별적으로 해당 지역의 주인공이었다고 할 것이다. 이 과정에서 가장 시장의 관심을 받지 못한 지역은 1기 신도시·신시가지 지역으로, 전국적으로 약 350만 호가 1990~1999년에 걸쳐 준공됐다.

이 지역들 중에서 1기 신도시는 '1기 신도시 재건축 특례법'이 제정돼 장기적으로 효과를 볼 지역이므로, 1기 신도시 안에서 대단지이면서 용적률이 상대적으로 낮고 입지가 양호한 아파트들을 중심으로 대응하는 방안을 추천한다.

1기 신도시가 아닌 1990년대 준공 아파트들 중에서는 리모델링 사업을 추진 중인 단지를 중심으로 대응할 것을 추천한다. 리모델링이 용이하려면 별동건축을 할 만큼 단지 내에 공간적 여유가 있거나 수평증축 방식의 채택으로 속도가 빠르거나 등 장점이 있어야 한다. 동시에 재건축으로 가고자 하는 유혹이 없도록 차라리 용적률이 높아서 리모델링에 대한 소유주들의 합의를 도출하기 쉬운 단지들을 주목할 필요가 있다. 리모델링을 추진하는 단지들과 각각의 사업 방식을 목록으로 정리해 본문에 실었으니 이들을 관심 있게 지켜볼 것을 추천한다.

이들 지역의 매수·매도 타이밍을 파악하려고 노력하기보다는 오히려 해당 지역이 2008년 글로벌 금융위기 이후에 가장 주목받지 못했던 지역이라는 점을 기억했으면 한다. 이들 지역이 장기적으로는 한국 도시 구조의 변화에 따라 미래의 새로운 지역이 될 가능성이 크다는 것도 말이다. 한국 도시 구조에서 '구도심 재정비' 지역이 2010년대 들어서 가장 큰 성공을 안겨줬지만, 그곳들 역시 2015년 이전에는 사실상 존재하지 않는 지역이나 다름없었다. 그러나 강북 지역 재개발이 크게 성공하자, 이것이 퍼지고 퍼져서 부산·대구·광주·수원·성남·고양·안양·군포·인천 등 상당히 넓은 지역에서 실증 사례가 더해졌다. 그렇게 2016년부터 2021년까지 이들 지역이 시장의 중심이 됐다. 마찬가지로, 장기적으로 보자면 현재 존재하지 않는 '1기 신도시 재정비' 지역이 나타날 수밖에 없다.

그런 생각으로 자신의 시간을 녹여 부동산 시장에 접근하면 어떨까? 타이밍을 잘 잡을 수 있고 시간도 들일 수 있다면 금상첨화일 것이다. 그러나 보수적으로 접근하더라도, 타이밍을 잡는 훈련보다 시간을 녹이는 개념의 투자를 하자.

2022년은 거시경제적 불확실성이 매우 큰 한 해다. 새 정부의 정책이 속도감 있게 추진되기보다는 외부의 불확실성 속에서 조심스럽게 진행될 가능성이 크다. 다만, 어디로 가는지를 소개하는 것을 이 책의 목표로 했다. 아무쪼록 이 책을 통해서 새 정부의 부동산 정책 지향점을 이해하고, 판단을 하는 데 도움이 되길 바란다.

차례　CONTENTS

프롤로그: 정책은 돌고 돈다. 윤 정부 시대 생존 전략　05

01　많은 것을 바꿀 **뉴스테이가 다시 온다**

아파트가 빵이라면　21

착한 사마리아인 이야기　26

착한 임대인과 성실한 임차인이길 강요받는 사회　33

임대차 2법이 쏘아 올린 임차료가 아니다?　42

부활하는 뉴스테이, 무엇이길래?　52

이 엘사는 <겨울왕국>의 엘사가 아닙니다　58

뉴스테이 사업 사례: 이지스레지던스리츠　64

3기 신도시는 뉴스테이 2기의 실험무대가 된다　73

돌연변이 기업형 임대사업이 아닐 수 있도록　82

02　1기 신도시 재건축은 **무조건 되어야 합니다**

서울 최대 재건축 단지가 분양을 못 한 이유　93

2018년부터 등장한 3기 신도시, 공급으로 전환　101

입주장, 이주장을 아십니까?   105

1기 신도시의 재건축 시점이 닥친다면   109

40년씩 어떻게 기다립니까, 30년으로 합시다   114

안전진단이 쉬워야 재건축을 하지   120

아 근데, 재초환은 좀 빼주시죠   127

1기 신도시는 특별하게 대접하자   132

노원구 상계동에서 1기 신도시의 미래를 보다   137

1기 신도시의 재건축을 눈여겨보라   142

03 저도… 신축에 살고 싶어요

농구가 하고 싶어요   153

용적률을 초월하는 리모델링   157

수직·수평·별동 리모델링의 비밀   163

수직증축 리모델링은 사실상의 정비사업   167

리모델링을 추진하는 단지들을 주목하라   171

04 청약을 고쳐야 영끌이 줄어들죠

청약 로또의 시대　　　　　　　　　　　　　　　　　181

청약의 기초 1: 청약통장, 국민주택·민영주택　　　　187

청약의 기초 2: 1순위와 2순위　　　　　　　　　　193

청약의 기초 3: 순위순차제와 가점제·추첨제　　　　202

청약제도 개편이 쏘아 올린 나비효과　　　　　　　208

공급에 대한 고민으로 쏟아져 나온 공급대책, 그러나　214

윤 정부의 주택 공급 250만 호 파헤치기　　　　　　219

특별대우 받는 청년들　　　　　　　　　　　　　　223

05 부동산 대출, 규제에도 증가하는 이유

빚내서 집 사라(7·24대책, 2014년)　　　　　　　　229

DSR과 대출총량제라는 쌍두마차　　　　　　　　　235

다주택자를 규제하는데 왜 실수요자가 피해를 보나　241

집을 어떻게 대출 없이 사나요?　　　　　　　　　246

차주 개념을 깨달은 자와 깨닫지 못한 자　　　　　251

06 영원한 논쟁의 떡밥, 부동산 세금

7·10 시대에 산다는 것 259

기본세율만 있다면 얼마나 좋을까 264

정권 따라 바뀌는 부동산 세금? 268

세금에 정답은 없더라도, 원칙은 유지되어야 273

에필로그: 새 정부의 부동산 정책, 핵심에 집중하자 279

1장

많은 것을 바꿀
뉴스테이가 다시 온다

아파트가
빵이라면

"아파트가 빵이라면 제가 밤을 새워서라도 만들겠습니다."

– **김현미** 국토부 장관 ＊

　문재인 정부의 첫 번째 종합부동산대책은 2017년 8월 2일 발표한 8·2부동산대책이다. 그 전에 6·19부동산대책이 발표됐지만, 이는 임시 대책이었고 각 잡고 나온 것은 8·2가 처음이었다.

　8·2대책이 발표된 당시 배경은 이렇다. 2017년은 2016년 말 박근혜 정부의 탄핵정국 이후 문재인 정부로 9년 만의 정권교체가 이뤄진 시점으로, 부동산 시장이 다소 긴장하는 분위기였다. 박

＊　　국회에서 열린 국토위 현안질의 중, 2020.11.30

근혜 정부에서는 주택 시장 부양책을 지속해서 사용했고 그 성과가 나타나기 시작한 시점이 2015년이었다. 2016년부터는 정책효과로 구도심 강세 현상이 나타났고, 2017년은 그 연장선에서 주택 가격이 지속적으로 상승하던 시기였다. 이에 주택 시장의 안정화 수단이 도입되어야 한다는 필요성이 제기됐고, 때마침 민주당 정부가 들어서면서 부동산 시장의 규제책이 당연하리라는 분위기였다.

아니나 다를까, 정부 고위 관계자들이 "주택으로 돈을 벌지 못하게 하겠다" 등의 발언을 하면서 힘을 보태왔다. 그런 차원에서 나온 첫 번째 종합대책이었던 만큼 8·2부동산대책의 중요성은 이루 말할 수가 없었다. 대체 얼마만큼 강력하게 나올지, 또 어떤 내용이 담길지가 초미의 관심사였다.

🔍 8·2대책의 핵심은 다주택자 규제

8·2대책의 내용이 방대하니, 여기서 상세히 설명하기보다는 큰 틀에서 특징을 짚는 것이 바람직해 보인다. 결론적으로 8·2부동산대책에서 가장 핵심적으로 다룬 내용은 '다주택자'를 규제하는 것이었다. 왜 그랬을까?

먼저 한국의 가구 구성을 살펴볼 필요가 있다. 2016년 말 기준 일반 가구는 총 1,937만 호이고, 무주택 864만 호, 1주택 785만 호로 구성돼 있었다. 전체적으로 무주택 가구가 44%, 1주택 가구가 41%로 이 둘이 85%의 비중을 차지했다. 다주택자라고 할 2주택자 및 3주택 이상을 보유한 가구는 각각 212만 호와 78만 호로 총 290만 호였다. 전체 1,937만 호 중 290만 호가 다주택이니 비율로는 15%다. 정리하자면 무주택 44%, 1주택 41%, 다주택 15%가 된다.

이 중 다주택 15%가 8·2대책의 집중적인 대상이었다. 왜냐하면 2016~2017년부터 강세장이 시작됐는데, 정부는 이런 주택 가격 강세의 원인이 다주택자에게 있다고 판단했기 때문이다. 일반적으로 주택 가격이 강세로 흐르는 배경은 수요가 강하거나 공급이 부족하거나인데, 당시 상황으로 공급은 부족하지 않았다. 그 이전 대비 거의 1.5배에 가까운 입주 물량이 예고되어 있어서다. 따라서 수요가 강하다는 것이 당시의 결론이었다.

수요가 강하다는 것을 설명하기 위해서 다주택자의 주택 구입 비중 통계가 처음으로 인용됐다. 국토부는 8·2대책을 발표하면서 2012~2015년 대비 2016~2017년 다주택자의 주택 구입 비중이 전국과 서울 가릴 것 없이 전체적으로 2배 이상 증가했다는 자료를 제시하며, 다주택자가 '초과 수요'의 원천임을 명확히 했다. 집이 2채 이상인데 추가로 집을 더 사서 투자할 생각을 하다니 투기 수요라는 것이었다. 아마도 전체 가구의 15% 비중밖에 되지 않는 가구들이기에 이들을 규제해도 괜찮다는 생각이었을지도 모르겠다. 어쨌든 상대적으로 소수였기 때문이다. 전문적인 국토부의 분석대로 주택 가격 상승의 범인이 다주택자로 밝혀졌으니, 다음에 나올 대책은 뻔한 것이었다. 바로 다주택자들에게 규제를 가하는 것이다.

표 1-1 2017년 8·2대책의 다주택자 주택 구입 비중 추이

(단위: %)

구분	2012	2013	2014	2015	2016	2017
전국	5.3	5.1	6.7	7.5	14.0	14.0
서울	3.5	3.9	4.8	6.0	13.9	13.8

※ 다주택자의 주택 구입 비중 상승이 가격 강세의 원인으로 지목됐다. 특히 2주택 이상을 보유한 다주택자가 주택을 추가로 구입하는 비중은 2015년 이전에 비해 2016~2017년에는 2배 이상 증가했다.
출처: 국토부, 8·2대책 보도자료

🔍 오히려 실수요자에게 영향이 컸던 8·2대책

8·2대책은 이렇게 만들어졌다. 다주택자들이 대출을 받기가 좀 더 어렵게 하고, 다주택자들에게 세금을 중과하는 형태의 정책을 편 것이 8·2대책의 시작이었다. 우선 다주택자가 추가로 대출을 받기 어렵도록, 투기과열지구에서는 종전 대출한도 60%를 40%로 낮췄다. 그리고 양도소득세도 강화했다. 다주택자는 집이 여러 채이므로 결국 집을 팔게 되리라고 생각한 것이다. 또 집이 여러 채이니 보유 부담을 높이면 보유를 기피하게 되리라고 판단해 보유세 인상도 예고했다. 이른바 보유하기도 힘들게, 팔 때는 과

세를 강하게 하는 것이 주요 방향이었다.

하지만 아뿔싸! 다주택자는 전세 끼고 집을 사기 때문에 대출 규제의 영향을 상대적으로 덜 받는다는 점을 간과한 정책이었다. 대출 규제는 정작 실수요자에게 큰 영향을 미쳤다. 이렇게 투기 과열지구나 조정지역의 대폭 확대, 또 전가의 보도인 양도세 강화 카드가 나온 것이 8·2였다. 어쨌든 8·2는 2017년 신정부 첫해에 종합부동산대책으로서 날 선 언어들을 시장에 쏟아내며 등장했다.

'다주택자, 너희는 이제 주택 투자로 돈을 벌지 못할 것이다.'

초강력 대책의 출현이었다.

착한 사마리아인 이야기

어떤 율법 교사가 일어서서 예수의 속을 떠보려고 "선생님, 제가 무슨 일을 해야 영원한 생명을 얻을 수 있겠습니까?" 하고 물었다.

예수께서는 "율법서에 무엇이라고 적혀 있으며 너는 그것을 어떻게 읽었느냐?" 하고 반문하셨다.

"'네 마음을 다하고 네 목숨을 다하고 네 힘을 다하고 네 생각을 다하여 주님이신 네 하느님을 사랑하여라. 그리고 네 이웃을 네 몸같이 사랑하여라' 했습니다."

이 대답에 예수께서는 "옳은 대답이다. 그대로 실천하여라. 그러면 살 수 있다" 하고 말씀하셨다.

그러나 율법 교사는 짐짓 제가 옳다는 것을 드러내려고 "그러면 누가 저의 이웃입니까?"하고 물었다.

예수께서는 이렇게 말씀하셨다.

어떤 사람이 예루살렘에서 예리고로 내려가다가 강도들을 만났다. 강도들은 그 사람이 가진 것을 모조리 빼앗고 마구 두들겨서 반쯤 죽여놓고 갔다.

마침 한 사제가 그 길로 내려가다가 그 사람을 보고는 피해서 지나가 버렸다. 또 레위 사람도 거기까지 왔다가 그 사람을 보고 피해서 지나가 버렸다. 그런데 길을 가던 어떤 사마리아 사람은 그의 옆을 지나다가 가엾은 마음이 들어 가까이 가서 상처에 기름과 포도주를 붓고 싸매어주고는 자기 나귀에 태워 여관으로 데려가서 간호해줬다. 다음 날 자기 주머니에서 돈 2데나리온을 꺼내 여관 주인에게 주면서 "저 사람을 잘 돌보아주시오. 비용이 더 들면 돌아오는 길에 갚아드리겠소"라고 부탁하고 떠났다.

"자, 그러면 이 세 사람 중에서 강도를 만난 사람의 이웃이 되어준 사람은 누구였다고 생각하느냐?"

율법 교사가 "그 사람에게 사랑을 베푼 사람입니다"하고 대답하자 예수께서는 "너도 가서 그렇게 하여라"하고 말씀하셨다.*

---

* 「루가의 복음서」 10장 25~37절 재구성

2020년 7월은 임대차 2법* 통과의 후폭풍으로 임차료가 급상승하던 시점이었다. 대부분 임대인이 임차료를 급격히 올려서 계약을 하던 시점에, 홀로 임차료를 미세하게만 올리던 임대인들이 있었다. 바로 주택임대사업자로 등록한 다주택자들이다. 2020년 말 기준 38만 명의 주택임대사업자가 총 153만 호의 주택을 임대로 등록해서 공급하고 있었다.

🏠 주택임대사업자는 착한 사마리아인?

아이러니한 것은 주택임대사업자로 등록한 다주택자가 문재인 정부 시대 5년간 적폐 세력처럼 처우받았다는 점이다. 처음부터 그랬던 건 아니다. 문 정부 최초의 종합부동산대책인 8·2대책 때는 일반 다주택자만을 규제하고 주택임대사업자는 보호했다. 나아가 그해 12·13대책에서는 주택임대사업자를 매우 대우해줬다. 정권 초기 주택임대사업자는 육성의 대상이었고, 국토부도 매월 임대주택 등록 통계를 발표할 정도로 열심이었다.

그런데 2018년 들어 주택임대사업자 제도를 활용하여 종부세

---

*　임대차 2법이란 주택임대차보호법 개정안(임차인이 임대인에게 2년의 추가 임차기간을 요구할 수 있는 계약갱신청구권한을 신설하고, 이 경우 임차료를 5% 이내에서만 올릴 수 있도록 임차료 상한제를 담고 있는 법안)과 부동산 거래 신고 등에 관한 법률 개정안(전·월세 계약 등도 신고하도록 한 전·월세 신고제 포함 법안)을 의미한다. 당초는 임대차 3법이라고 하여 상가건물 임대차보호법도 포함됐으나, 상가는 주택 시장에 포함되지 않으므로 앞의 둘을 가리켜 임대차 2법이라고 한다.

와 재산세, 소득세까지 감면받거나 비합산 받으면서 8·2대책의 강력한 규제들을 회피하며 투자를 늘려나가는 주택임대사업자들이 등장했다. 그래서 주택임대사업자에 대한 규제가 시작된 것이다.

그 시작은 2018년 9·13정책이었다. 9·13 이후 주택임대사업자는 주택 가격 급등의 원인을 제공한 것으로 평가되며 혜택이 지속해서 줄었다. 그리고 2020년 7·10부동산대책에서는 사실상 아파트를 매입하여 주택임대사업자로 등록하는 제도를 폐지했다.

그런 주택임대사업자였는데, 착한 사마리아인의 사례에서처럼, 가장 적폐라고 알려졌던 주택임대사업자들이 문 정부 기간 임차료 상승이 가장 거셌던 2020년 하반기 시점에 낮은 임차료를 유지한 것이다. 물론 주택임대사업자들이 원해서 한 것은 아니었다. 그들은 제도적인 이유로 5% 이내로 상승해야만 보유세와 양도세제 혜택을 받을 수 있었기 때문에 이른바 기준대로, 룰대로 한 것뿐이었다. 다만 주택임대사업자가 제공하는 임대주택의 임차료가 가장 쌌던 것은 사실이다. 아이러니하게도, 의도가 아니라 결과가 중요한 법이 된 셈이다.

주택임대사업자가 임차료를 가장 낮은 가격에 공급했다는 이점이, 훗날 윤석열 정부의 부동산 공약에 영향을 미쳤다. 바로 주택임대사업자 제도를 부활하는 형태로 가야 한다고 판단하는 데 근거가 된 것이다.

🔍 수요-공급 측면에서 동전의 양면과 같은
다주택자의 역할

주택임대사업자가 아닌 다주택자는 어떨까?

다주택자는 그간 한국 부동산 시장에서 수십 년에 걸쳐 주택 가격 상승의 원인으로 지목돼왔다. 문재인 정부 기간에도 그랬다. 다주택자는 주택을 집중적으로 매입하면서 특정 지역이나 특정 면적에 해당하는 주택 가격의 상승에 영향을 주어 소형 주택 가격 강세의 원인이 되어왔다. 그래서 무리한 구매 행태를 보이는 다주택자를 규제한 것은 여야를 떠나 대부분 정부가 해온 일이다.

하지만 좋든 싫든, 다주택자 역시 임대주택 공급자로서의 면모도 있다는 점은 받아들여야 할 우리나라 주택 시장의 현실이다. 수요 측면에서 초과 수요를 발생시키는 원인이지만, 민간임대(등록·미등록) 시장에서 다주택자가 차지하는 비중이 90%를 넘기 때문에 다주택자가 집을 추가로 구매하지 않으면 임대 공급이 위축된다. 즉, 다주택자는 동전의 양면 같은 성격을 지니고 있다.

다주택자의 스펙트럼도 매우 넓다. 드라마 등에 나올 법한 악질적인 다주택자가 있는 반면, 임차인을 최대한 배려하는 다주택자들도 있다. 코로나19로 많은 이들이 경제적 어려움을 겪을 때 임차료를 동결하거나, 주변 시세가 상승하는데도 그 추세에 편승하지 않고 임차인이 계속 살 수 있게 하는 임대인 얘기를 들어봤을 것이다. 정도의 차이는 있을지언정, 다주택자 중에는 임대차 시장에서 적절한 임차 공급이라는 소임을 다하는 임대인도 있다. 이른바 착한 임대인이다.

세상 모든 것에는 양면이 있다. 우리는 만화나 영화, 드라마 등을 볼 때 입체적인 인물에 매우 열광하곤 한다. 이런 등장인물이 있을 때 그 작품은 현실감을 잘 반영했다는 평가를 받곤 한다. 물론 그 반대인 스테레오 타입의 인물들도 있다. 이들은 단순하고 파악하기가 쉬운 반면 현실에서는 만나기 어렵고 만화, 드라마, 영화 속에서나 존재한다. 그러니 현실감 있는 콘텐츠를 만들려면 입체적인 캐릭터를 설정해야 한다.

다주택자 역시 마찬가지다. 그들은 결코 주택 가격을 앙등만 시켜온 스테레오 타입의 사람들이 아니며, 임대주택 공급자라는 역할도 해왔다. 이 두 가지 면모가 모두 하나의 주체로부터 나온다는 점에서 지극히 현실적이다. 드라마나 영화에서는 입체적 인물이 나오면 환호하면서 왜 현실에서는 다루기를 꺼리거나 아예 무시하는 걸까.

착한 임대인과
성실한 임차인이길 강요받는 사회

〈나 혼자 산다〉 등에 출연하면서 소탈한 모습을 보여주는 연기자 김광규, 그가 한 방송에서 이렇게 말한 적이 있다.

> "1999년 서울에 올라와서 10년 동안 모은 돈을 한순간에 날렸다.
> (…) 당시 3,000만 원을 빌려서 들어간 집인데 사기를 당했다."
> - **김광규,** 〈나 혼자 산다〉, 2015

전세 사기를 당했다는 건데, 어떻게 당한 걸까? 그가 방송에서 밝힌 바로는, 실소유주가 있음에도 그에게 위임을 받았다는 공인중개사(가해자)의 말에 휘말려서 전세계약을 체결하게 됐다고 한다. 결국 가해자는 돈을 들고 사라졌다. 이 사건이 그에게 충격적이었던 것은 그 자신이 부동산을 전혀 모르는 사람이 아니라 심지어 중개사무소에서 일한 경험이 있는 나름의 전문가였기 때문이다. 그럼에도 임대인이 아파 계약서를 작성하러 올 수 없다면서 계약 성사를 종용하는 중개사의 말에 속아 넘어간 것이다(물론 그는 2022년, 같은 프로그램에서 송도의 주택을 구입했다는 사실을 밝혔다).

🏠 전·월세 시장의 사건·사고

전·월세 시장에서 개인 간 거래 시 발생하는 사건·사고들은 해마다 증가하고 있다. 사기까지는 아니지만, 임차기간이 만료됐는데 전세 세입자에게 보증금을 돌려주지 않는 계약 미이행 건수도 큰 폭으로 증가했다.

　나 역시 사회생활 4~6년 차 때 큰 어려움을 겪은 적이 있다. 주식 투자에서 상당한 손실을 보고 거주지를 이전해야 했고, 서울시 금천구 시흥동에 6,500만 원의 투룸 빌라를 겨우 구해서(물론 이 금액도 4,500만 원의 전세대출에 신용대출을 더해 마련했다. 말 그대로 '영끌' 자금이었다) 전세로 살았다. 2년 후 결혼하게 되면서 새로운 전셋집을 구하기 위해 빌라 전세금을 돌려받아야 하는 상황이 왔다. 그런데 임대기간이 종료됐는데도 임대인이 다음 임차인이 안 구해진다며 전세금을 돌려주지 않는 통에 현금흐름 문제를 겪으면서 진땀을 뺐다.

당시 임대인이 매우 착하고 세련된 어조로 "최선을 다하고 있지만 임차인이 구해지지 않습니다"라고 내용증명을 보내왔는데, 이때 내용증명도 처음 받아봤다. 나도 "그럼 전세권 설정 등기를 하겠습니다"라고 내용증명을 보내고, 법원에 가서 직접 전세권 설정 등기를 했다. 첨부서류에 도면이 필요했는데, 당시 빌라가 오래됐고 도면이 없어서 그 자리에서 빈 A4 용지에 프리드로잉으로 1층 도면을 그렸다. 그걸 보고는 접수를 받던 공무원이 그림 잘 그린다며 칭찬을 해주었다. 건축과 나온 보람을 느꼈던 순간 중 하나였다. 아 참, 지금 임차권 설정 등기하러 온 건데…. 칭찬은 고래도 춤추게 한다지만 부동산 시장은 냉혹했다.

임대차 시장에서 피해자가 되지 말아야 하지만, 피해 건수는 계속 늘어나고 있다. 다음 뉴스를 보자.

> 3일 이용호 국민의힘 의원에 따르면 최근 5년간 전세보증금반환보증보험 미반환사고피해액은 2017년 525억 원에서 지난해 8월 기준 4047억 원으로 약 8배 증가했다. 전국 법원에 접수된 임대차보증금 반환 1심 건수는 2018년 4182건에서 2020년 5755건으로 급증했다.*

---

*   「이투데이」, "최근 5년간 전세보증금 미반환 피해 8배↑…계약기간 만료 시 전액 반환 추진",
     2022. 1. 3, https://www.etoday.co.kr/news/view/2092598

그뿐만이 아니라 전·월세 사기와 관련해서는 피해자의 3분의 2 이상이 대학생, 사회 초년생, 신혼부부 등 2030 청년 세대라는 통계 결과도 있다. 즉, 어떻게 보면 사회생활을 처음 시작하는 세대에게 이런 피해가 집중된다는 의미다. 오히려 적당히 알고 있을 때 문제가 더 발생하는 경향이 있다. 그래서 2030 등 젊은 세대가 임대차계약을 체결할 때는 보통 부모들이 보호자로서 동행한다.

임대차계약을 맺을 때의 일반적인 풍경

한번은 소양호가 있는 춘천시에 간 적이 있다. 도시 규모는 작지만 한림대학교와 강원대학교가 있어서 적지 않은 임차 수요가 있는 곳으로, 2020년 이후 부동산 투자자들이 대거 유입됐다. 도심에 있는 이 학교들 주변에는 많은 공인중개사 사무소가 있는데, 밖에서 잠시만 지켜봐도 부모와 함께 와서 임대차계약을 체결하는 강원대학교 또는 한림대학교 학생들을 꽤 볼 수 있다. 임차인과 임대인의 첫 만남이 있는 자리라 긴장감이 넘친다는 게 느껴진다. 다들 경험했겠지만, 임차인과 임대인은 각자의 입장에서 서로를 살핀다.

가만히 보고 있자니 사회생활을 처음 시작한 2004년, 서울 서대문구 신촌 지역에 4,500만 원짜리 복층 오피스텔을 계약하던(이

것도 전세대출 3,500만 원과 신용대출 1,000만 원으로 구했다) 때가 떠올랐다. 당시 나는 겨우 스물일곱 살이었고, 이 계약이 내가 직접 하는 최초의 임대차계약이었다. 관행적으로 상대적 약자인 임차인이라는 내 입장에서 중개사는 내가 유일하게 기댈 수 있는 사람이었다. 중개사는 그런 나에게 이런 부분들을 어필한다. 요약하자면 '임대인이 부자여서 이 집의 임대료를 마구 올리진 않을 거라거나 상황을 봐줄 수도 있다거나 무리한 대출을 받아서 너의 소중한 임차료를 훼손시키진 않을 것 같다'라는 내용이다. 부자이고 집이 많아서 임대업에 전문가라는 뉘앙스를 지속해서 풍긴다. 즉 종합적으로 '괜찮은' 임대인이라는 의미다. 나 역시 집주인이 부자라는데 나쁠 게 뭐가 있나 하는 마음이 들었던 것도 사실이다.

중개사는 임대인에게도 립 서비스를 한다. 중개사는 임대인에게 내가 안정적으로 월세를 낼 수 있는 좋은 직장에 다닌다는 사실을 어필했다. "이 임차인은 삼성에 다니시는⋯." '아니 내가 언제 직장 정보를 중개사에게 줬더라? 아! 처음 방문했을 때 명함을 줬구나.' 그렇게 나는 명함 한 장으로 착실한 임차인이 되어서 부자인 임대인에게 월세를 꼬박꼬박 내는 사람이 됐다. 당시 내가 바라보는 임대인은 더없이 부자인 사람이었다.

이후 상당한 부동산 거래를 직접 경험하면서 나 역시 어른이 되어갔다. 힘들거나 불편한 순간들도 있었지만, 그런 것들을 겪는 게 당연하다고 생각했으니까. 매매계약에서는 느끼기 어려운 부분을 임대차계약에서는 더 잘 느끼게 되는 것 같다. 임대차계약을 할 때마다 들었던 생각은 그나마 전세인 경우에는 상황이 낫더라는 것이다. 다만 전세에서도 기분 나쁜 구석은 존재했다. 임대차 원리상 임차인이 전세대출을 받을 수 있는 것이 당연한데도, 임대인의 동의가 필요하다는 것 때문에 마치 임대인이 전세대출을 받을 수 있도록 선심을 써주는 것처럼 얘기하는 중개사도 더러 있다. "이 임대인은 전세대출을 받을 수 있게 하시니 착한 임대인이세요"라고. 임대인 역시 "집주인님, 전세대출을 받게 해주셔서 감사합니다"라는 말이라도 듣고 싶은지 이 부분을 계속 언급하는 경우도 있었다. 회사 동료의 얘기를 들어보니 전세대출을 받는 것을 매우 못마땅하게 생각하면서 대출이 나쁘다고 일장 연설을 늘어놓는 임대인도 있다고 한다. 세상에. 그렇게 매우 기분이 상한 상태로 계약을 체결하길 두세 번 반복하다 보면 집을 사고 싶어지는 게 인지상정인지도 모르겠다. 어쨌든 오늘도 중개사들은 소유주 중심의 거래 관행을 기본으로 하고 있다.

가장 혐오스러운 임대인은 짐짓 자기 위치를 과시하고 싶어서인지 계약 중에 임차인에게 이런저런 방식으로 재산 상태를 떠보곤 하는 경우였다. 한마디로 '너 얼마 있어?'라고 물어보는 건데, 아니 당최 내 통장을 까 보일 수도 없고 숨을 깊게 들이마

시고 한 번 참는다. 간혹 비슷한 상황에서 화가 난 임차인 중에는 "제가 사실은 반포에 집이 있는데, 직장 때문에 어쩔 수 없이 대치동 온 거예요"라면서 그 집의 지역을 들먹이며 '내가 너보다 돈이 더 많은 것 같은데?'라고 반격하기도 한다. 그런 자존심과 기 싸움의 향연, 인간 본성을 느낄 수 있는 임대차계약을 체결하면 정말 피곤하지만 우리는 어쨌든 그렇게 서로 임대차계약을 마무리 짓는다.

🏠 임대차 시장의 한국적 특수성

이런 풍경들을 자주 봤거나 당연하게 여겨왔다면 당신은 100% 한국인일 것이다. 임대차 시장에서 불거지는 한국적 계약의 특수성은 다른 나라에선 보기 어려우니 말이다.

왜 한국적 특수성이라고 할까? 임대차 공급을 누가 하느냐에 따라서 국가들을 구분한다고 할 때, 우리나라는 매우 특별한 국가이기 때문이다. 2020년 말 기준, 한국에는 일반 가구 2,093만 호가 있고, 이 중 무주택 가구가 920만 호다. 920만 호의 무주택 가구 중에서 공공임대는 173만 호로 약 19%의 비중을 차지하고 있으며, 민간임대가 총 747만 호로 절대다수인 81%를 차지한다.

개념적으로 공공임대는 주거복지의 일환이며, 민간임대는 '임대차 시장'이라고 할 수 있다. 이렇게 민간임대 시장의 비중이 높은 것까지는 세계 어느 나라나 비슷하다. 한국이 특수한 것은 민간임대 시장의 구성인데, 민간임대의 공급원은 사실상 90% 이상이 다주택자(2채 이상의 주택을 가진 자)다. 다주택자 중 주택임대사업에 등록한 경우를 민간등록임대라고 하고, 그렇지 않은 경우 민간미등록임대라고 한다. 2020년 말 기준 민간등록임대 시장에서 개인은 총 38만 명이며 법인은 약 6,000개로, 합쳐서 약 40만의 등록임대사업자가 평균 3.9호의 임대를 공급하고 있다. 다주택자가 민간임대주택의 가장 핵심적인 공급원이라는 점, 이것이 한국적 특수성이다.

　　일반적 임대차 시장에서는 민간임대 시장의 임대인과 임차인이 서로 만나 계약을 체결한다. 부동산 거래계약을 하러 가 중개

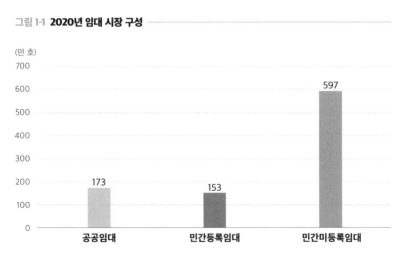

그림 1-1 **2020년 임대 시장 구성**

(만 호)

- 공공임대: 173
- 민간등록임대: 153
- 민간미등록임대: 597

출처: 국토부, 2020년 주택소유통계

사무소에서 처음 만나는 그 순간, 우리는 서로 인상을 보며 상대 방을 짐작한다. 소개팅이나 맞선자리도 아닌데, 착한 임대인이길 또 착한 임차인이길 기도하면서 말이다.

임대차 2법이 쏘아 올린 임차료가 아니다?

2020년 7월, 7년 넘게 다니던 금융회사를 그만두고 프리랜서 크리에이터 겸 IT 창업자로 독립했다. 당시 현금흐름의 문제로 거주 중인 주택을 처분하고 임차를 구해야만 했다(덧붙이자면, 중년 창업을 가로막는 가장 큰 요인이 바로 대출원리금의 상환이다). 자가에서 전세로 전환하게 된 것이라서 마음이 편할 수가 없었다. 그런데 그 시점에 임차료가 갑자기 뛰기 시작하더니, 시중에 전세 매물이 씨가 말랐다는 것이 중개사무소를 방문할 때마다 듣는 얘기였다. 특히 강서·마포·영등포·서초구에서 그랬다. 하필 전세를 구해야 할 때 전셋값이 치솟다니…. 나는 임차를 해야 하는 입장이었으므로, 시장 조사를 겸해서 시간이 날 때마다 전·월세를 알아보러 다녔다.

특히 8월 이후의 주택 시장 분위기는 도대체 무슨 영문인지 얼떨떨할 정도였다. 전세가가 로켓처럼 날개를 달았는지 직전 가격 대비 30~40% 높은 수준에 형성돼 있었다. 당시 서울 영등포구 당산동에 거주 중이었는데, 그 지역에서 가장 대단지라고 할 만한 당산삼성래미안(2003년 준공, 1,391세대)은 7억 원을 전후하던 34평 전셋값이 1주일 만에 9억 원으로 수직상승했다. 서초구의 서울교육대학교 부설초등학교 주변에도 갔었는데, 이 지역에서 임차료가 상대적으로 저렴하다고 알려진 서초삼성래미안(2001년 준공, 299세대) 역시 7억 5,000만 원이던 34평 아파트의 전셋값이 10억 원으로 치솟았다. 여의도 통근·통학을 생각해서 9호선 라인을 따라 강서구로 갔는데 강서구 한강자이아파트 동일 평형도 전세 4억이 5억 5,000만 원에서 6억 원으로 올라 있었다. 세상에나! 다른 지역도 마찬가지였고 수도권 전체가 임차료 상승의 후유증을 앓고 있었다.

🏠 임대차 2법이 야기한 시장 혼란

이 시기를 초래한 직접적인 원인은 임대차 2법이라고 할 수 있다. 발단은 이렇다. 2020년 7월 30일, 임대차 2법 개정안이 국회를 통과했다. 앞서 언급했듯이 임대차 2법이란 주택임대차보호법 개정안과 부동산 거래 신고 등에 관한 법률 개정안을 의미한다. 이 중 신고제는 2020년 7월 30일 통과돼 2021년 6월부터 시행이 예정돼 있었다. 그리고 신고제는 큰 틀에서 임대차 시장에 영향을 미칠 법령은 아니었다. 거래를 신고하기만 하면 되기 때문이다. 그리고 매매 거래는 이미 10년 이상 실거래가 기준으로 신고해왔기 때문에 부동산 거래 신고에 임대차계약이 포함된다고 해서 달라질 것은 없었다.

두 법안 중 임대차 시장에 혼란을 불러일으킨 것은 임대차보호법 개정안이었다. 특히 이 법에 포함된 '계약갱신청구권'과 '임차료 상한제 5%' 등 두 가지가 핵심이었다. 이 제도를 적용하는 것만 해도 다소 생소했는데, 모든 계약에 적용하는 것이 아니라 '모든 임대차 대상이냐', '신규 임대차만 대상이냐'에 따라 다르게 적용됐기에 시장에서 제도를 소화하는 데 다소 시간이 걸렸다. 사람들은 신규 임대차계약과 갱신 임대차계약이라는 생소한 개념을 빠르게 이해해야만 했다. 왜냐하면 어떤 계약이냐에 따라서 제도의 적용 대상이 될 수도 있고 아닐 수도 있었기 때문이다.

일단 갱신 임대차계약을 체결할 수 있는 임차인들은 다소 반기는 눈치였다. 예를 들어, 2020년 7월 30일 이전에 계약을 체결한 임차인들은 이후 종전 계약의 만기 때 갱신권을 쓸 수 있었다. 이 경우 임차료가 5%만 상승하게 된다. 이들에게 임대차법 개정안은 꿀처럼 달았다. 그런데 7월 30일 이후에 새로운 임대인과 임대차계약을 체결하는 '신규 임차인'의 경우에는 임차료 상한제 5%가 적용되지 않고 시세가 적용됐다. 그리고 하필 이 시기에 시세가 불을 뿜었기 때문에 신규 임대차계약자로서는 법이 원망스러울 수밖에 없었다.

제도 시행 전후로 임차료가 상당히 큰 폭의 변동성을 보인 데에는 사람들의 집단적 행태도 한몫했다. 법이 시행되면 임차료가 오를까 봐 종전 임대차계약이 만료되지 않았는데도 법 시행 전에 계약을 갱신하고자 하는 임차인이 많아진 것이다. 예를 들어, 2020년 12월이 계약 만기라면 그 시점은 임대차보호법 시행 후다. 그때가 되면 임차료가 더 올라 있을 우려가 있고, 그러면 임차를 구하기 어려워진다는 생각에 지금 시점에서 임대인에게 연락해 계약을 갱신하곤 했다. 정상적이라면 12월 만기인데 그냥 7월인 지금 계약을 신규로 하자고 한 것이다. 가격을 다소 높이더라도 말이다. 예컨대 12월 만기였던 전세 6억 원의 종전 계약이, 만기 전인 7월에 원 임대인과 신규로 8억 원에 계약하는 식이었다. 이 계약으로 자연스럽게 12월 만기의 임대주택 공급이 하나 사라지는 셈이 됐다.

이처럼 법 시행 전에 계약 기간 만료 전 신규 또는 갱신 계약이 이뤄지면서 7월 30일 이후부터 나오는 임차 물량이 대거 감소했다. 그런 효과로 8월부터 신규 계약을 선택해야 하는 임차인들은 감소한 임차 공급 물량 안에서 선택을 해야 했고, 그로 인해 전셋값은 고공행진을 지속했다.

이런 현상을 놓고 일부 전문가는 임대 공급이 사라지면서 동시에 임대 수요도 사라지기 때문에 아무런 영향이 없지 않느냐는 얘기를 했다. 사람들은 미래의 임차료가 지금보다 더 올라갈 것이라는 우려에 임차료를 높이면서 계약을 하고 있는데, 수요-공급의 밸런스가 맞으니 문제가 없다고 하는 것은 그야말로 탁상공론 아닐까? 매월 적당량의 임대 물량이 시장에 공급되어야 하는데, 종전 임대차계약을 일부러 갱신하는 사람들이 늘어나면서 원래 있어야 할 공급이 사라지고 말았다. 그리고 공급이 사라진 시장에서 반드시 임차를 구해야 하는 사람들이 피해를 봤다. 나 역시 그중 한 명이었다.

🔍 현실과 따로 노는 통계

이처럼 임차료 상승 속에 임차인들은 속에서 천불이 나는데 정부는 속 편하게 자화자찬했다. 1년이 경과하고 나서 정부는 한 가지 통계를 발표했다. 제도 시행 이후 약 1년 동안 전·월세 갱신율이 임대차 2법 시행 전 57.2%에서 77.7%로 상승했다는 것이다. 즉 갱신한 77%의 임차인들은 5%만 상승하는 전·월세 시장에 놓였을 것이고, 그래서 이들이 행복하다는 얘기다. 이 숫자는 얼핏 들으면 그럴듯해 보이지만, 정말 말도 안 되는 곡학아세 수준의 세 리머니다.

임대차 시장의 불안이 임대차 2법 때문이라는 시장의 지적에도 불구하고, 정부는 계속해서 통계를 인용하면서 갱신율이 상승했으니 임대차 시장이 안정적이라고 발표했다. 특히 전·월세 신고제가 도입된 2021년 6월 이후부터는 보다 자세한 통계를 공개했다. 예를 들어, 2021년 6월부터 11월까지 5개월 동안 전국에서 약 50만 9,184건의 임대차 거래가 신고됐다. 이 중 신규 계약(새로운 임대인과 계약하는 것)은 40만 8,953건으로 전체의 80.3%를 차지했고, 갱신 계약(종전과 동일한 임대인과 계약하는 것)은 10만 231건으로 19.7%에 불과했다. 이 이야기는 전체 전·월세 거래 중에서 일반적으로는 80% 정도가 신규 임대차이고, 20% 정도가 갱신 임대차라는 의미다. 즉, 신규의 비중이 4배 많다.

정부는 20% 정도를 차지하는 갱신 계약의 경우를 다시 하위로 분류해서 보니, 갱신권을 쓴 경우와 갱신권을 쓰지 않은 경우(이른바 묵시적 갱신)로 나뉘는데 갱신권을 쓴 경우가 서울 58% 등 전국 53.3%였다고 발표했다. 비요구 건(이른바 묵시적 갱신)은 46.7%로 사실상 반반이었다.

지금까지의 얘기를 종합해보면, 결국 10명 중 1명이 갱신권을 쓰고 안정화됐으며 나머지 9명은 고통스러운 임차료 상승에 그대로 노출됐다는 의미다. 국면이 이런데도, 매우 소수에 해당하는 20%의 갱신 계약 중 갱신율이 50%대를 유지하다가 70%대로 올라갔으니 잘했다고 하는 것은 전세난에 내몰린 신규 계약 임차인 전체를 무시하는 발언으로, 사태의 본질을 매우 왜곡하는 것이었다. 임대차 법령은 기재부가 주도적으로 발표했는데, 그야말로 통계의 장난이었다. 전체 임대차 10건 중 8건이 신규 임대차여서 임차료 상승에 그대로 노출됐는데, 이들을 무시한 처사였다.

🏠 어쨌든 임차료는 상승했을 것

약 2년이 지난 시점에 과거를 다시 분석해보면 임대차 2법이 매우 큰 촉매제이자 그 자체가 임차료 초강세의 원인이 된 것이 사실이다. 다만, 오직 임대차 2법만이 임차료 상승의 원인이냐고 한다면 그건 아닐 것이다. 임대차 2법의 시행이 촉매제가 되긴 했지만, 촉매제가 없더라도 임차료는 상승했으리라고 생각한다. 어쨌든 현시점에서 다시 평가해보면 다주택자든 정부든 기업이든, 만약 임대주택을 충분히 공급했다면 임차료가 이 정도로 급등하는 상황은 막을 수 있지 않았을까, 또 그처럼 과격한 방식으로 임대차 2법을 도입하지 않았다면 이 정도는 아니지 않았을까 하는 아쉬움이 남는다는 것뿐이다. 즉, 취약한 상황에서 과격한 대책이 나오면서 시장이 충격적으로 반응한 사례라는 의미다.

2022년 3월 기준, 미국 장단기 금리차(10년물 금리-2년물 금리)가 역전되면서 경기침체를 우려하는 시각이 많다. 그런데 장단기 금리차가 역전됐다고 무조건 침체가 온다기보다는 그 침체가 올 만한 기폭제가 되는 상황이 필요한 법이다. 2020년 당시의 국내 임대차 시장이 딱 맞는 예가 아닌가 싶다.

시계추를 돌려 긴 맥락으로 보자면, 2017년 출범한 문재인 정부가 최초 종합부동산대책인 2017년 8·2대책에서 다주택자를 규제할 때부터 이런 흐름이 예고된 것이 아니었을까 하는 판단이다. 문재인 정부 5년간 부동산 시장은 점차 다주택자보다는 1주택자 중심으로 펼쳐져 왔다. 정책의 방향성이 그랬기 때문이다. 특히 2019년부터 이런 현상을 '똘똘한 1채'에 빗대기 시작했고, 그 흐름은 2021년에 대형 평형의 주택 가격이 급상승하면서 정점을 맞이했다.

아마도 당분간은 이런 흐름이 지속될 것이다. 이렇게 다주택자 중심에서 똘똘한 1주택자 중심으로 시장의 색깔이 변해가는 동안 구조적으로 임대주택의 공급이 다소 부족해졌고, 기폭제만 있다면 임차료가 얼마든지 폭등할 수 있는 상황으로 가고 있었다. 그러던 와중에 임대차 2법으로 불이 붙은 것이다.

충분한 임대주택 확보가 관건

그렇다면 윤석열 정부 역시 이런 고민에 놓이게 된다.

'대체 어떻게 임대주택을 충분히 확보할 것인가?'

가장 먼저 도출할 수 있는 방안이란 다주택자를 써서 문제를 해결하는 것이다. 그러나 다주택자들만으로 풀 수 있다면 좋으련만, 상황이 그렇게 쉽지만은 않다. 다주택자들을 육성하면 소형 주택 가격이 상승하고, 주택임대사업자를 육성하면 투기적 갭 투자의 흐름이 나타난다는 것을 우리는 이미 2015~2019년에 경험했다.

사실 이는 구조적인 측면에서 살펴봐야 한다. 핵심은 다주택자가 임대주택의 공급원인 것은 맞지만 그들은 주택을 '매입'해서 공급한다는 것이다. 전체 주택 수 자체에는 큰 변화가 없고, 다만 비중이 변할 뿐이라는 뜻이다.

예를 들어 100호가 있다고 하자. 50호가 자가이고 50호가 임대인데, 다주택자가 집을 추가로 구입해서 40호가 자가, 60호가 임대가 됐다면 임대 공급은 증가하나 자가 공급이 감소한다. 이를 도식화한 것이 〈그림 1-2〉다.

그림 1-2 자가와 임대의 비중 변화: 다주택자 확대 시

| 자가 50호 | 임대 50호 | → | • 자가 50호, 임대 50호의 평형 상태 |

| 다주택자 확대 시 | 자가 40호 | 임대 60호 | → | • 자가 40호로 축소, 자가 공급 감소로 매매 가격 상승
• 임대 60호로 확대, 임대 공급 확대로 임차료 하락 |

※ 다주택자 확대 정책 시, 임차료 안정은 가능하나 매매 가격 상승이라는 숙제가 남는다.

그렇다면 임차료 안정이라는 이 문제의 해법은 어디서 찾아야

할까?

부활하는 뉴스테이, 무엇이길래?

2015년 1월 30일, 정부는 'NEW STAY 정책' 출발이라며, 민간임대주택 특별법 신규 법안을 국회에 제출하고 보도자료를 냈다. 이때 발의된 법안이 '민간임대주택에 관한 특별법(민특법)'이며, 기업형 임대주택사업자라는 새로운 개념의 임대주택 공급원을 도입한다는 취지였다.

2015년 당시 주택 가격은 2008년 글로벌 금융위기 이후 회복하지 못하고 장기간 횡보했다. 그에 따라 집에 대한 인식도 '소유'에서 '거주'로 이동해 자가점유율이 감소하고 있던 터였다. 일본식 장기침체론도 힘을 받던 때라 집을 사면 덜 합리적으로 여겨지는 분위기였고, 중산층 이상이 거주하는 고급·대형 면적의 임차주택 수요가 증가하고 있었다.

정부도 이런 분위기를 읽고 임대주택 공급을 확대할 필요성을 느껴왔는데, 공공임대주택보다는 민간 시장에 곧바로 통용될 수 있는 임대주택의 공급이 더 필요하다고 판단했다. 또 우리나라 임대차 시장의 큰 문제 중 하나인, 임대차계약 기간이 2년으로 매우 짧다는 점도 개선 포인트였다. 장기간 거주 안정성이 떨어져서 임대보다 매매를 선호하는 사회적 분위기가 만들어진다는 것이었다.

🏠 기업형 임대주택사업자의 육성

정책이 발표되던 2015년 당시 기준으로 전국 약 800만 임차 가구 중에서 20.1%인 161만 호만이 등록임대주택이었고 이 중에서도 민간임대는 100만 호를 밑돌았다. 옆 나라 일본의 경우 임대주택 1,445만 호 중 80%를 임대업을 전문으로 하는 기업이 제공하는 것과 대비됐다. 일본의 사례는 한국 정부가 벤치마크할 필요가 있는 사례로 선정됐고, 당시 일본의 임대주택사업자를 벤치마크하는 보고서들이 쏟아졌다.

이런 자료들을 분석해 정부가 내린 결론은 다주택자에게만 의존하는 임대 공급을 넘어 새로운 임대주택 공급원인 기업이 임대 시장에 적극 투입되도록 제도를 만들어서 기업형 임대사업자를 육성한다는 방침으로 연결됐다.

실제 일본은 기업형 임대주택사업자들의 천국이다. 상위 10개 기업이 평균적으로 무려 30만 호 이상의 임대주택을 공급·관리한다는 사실이 단적인 예다. 30만 호라면 국내 1기 신도시 전체 주택 수에 맞먹는 물량이다. 일본의 기업형 임대주택사업자를 대표하는 다이토건탁Daito Kentaku의 경우, 2021년 말 기준 총 108만 호의 임대주택을 관리하고 있다. 108만 호라면, 인천광역시 전체의 주택 수인 103만 호보다도 더 많은 숫자다. 기업 하나가 운영하는 임대주택 공급 수준이 한국의 광역시 수준인 것이다.

당시 박근혜 정부는 이를 벤치마킹하여, 2015년에 기업형 임대주택제도를 도입했다. 기업들을 임대차 시장의 주요 공급원으로 만들기 위해선 당근이 필요했고, 인센티브를 주기 위해 법령을 정비했다.

구체적인 부분은 핵심 규제 부분을 6개에서 2개로 축소한 것이다. 6개 핵심 규제는 다음을 말한다.

- 임대의무기간이 존재한다는 점
- 임대료 상승에 제한을 둔다는 점
- 반드시 분양 전환해야 한다는 점
- 임차인 자격을 무주택자로 제한한다는 점
- 초기 임대료에 일정 상한선을 반드시 두어야 한다는 점

- 임대주택에는 담보권 설정에 제한이 있다는 점

뉴스테이 규제개혁위는 이 중에서 임대의무기간과 임대료 상한제만 남기기로 했다.

표 1-2 **뉴스테이 규제개혁위의 규제 축소**

구분	현재	개선
임대의무기간	○	○
임대료 상승 제한(연 5%)	○	○
분양전환 의무	○	×
임차인 자격(무주택 등)	○	×
초기 임대료	○	×
임대주택 담보권 설정 제한	○	× (임대보증금 반환보증 필요)

※ 규제 최소화: 핵심 규제 6개→ 2개로 축소
출처: 'NEW STAY 정책 출발' 보도자료, 2015.1.30

🏠 뉴스테이에 부여한 대대적인 혜택

기업형 임대사업자의 기준도 마련했는데, 신규로 300호 이상을 건설하거나 기존 주택 100호 이상을 매입하는 경우부터 기업형 임대주택사업자라는 칭호를 부여했다. 즉 일반 개인이 하기에는 어려운 수준의 숫자를 달성하는 경우에만 '기업형'이라는 타이틀을 달 수 있었다. 당시 민특법을 통해 임대주택제도를 완전히 개선하는 과정에서 주택임대사업자 제도를 대대적으로 손봤고 임대사업자의 유형도 구분됐다. 즉 기업형이냐, 일반형이냐로 나뉘었다.

추가로 임대기간에 따라서도 구분했다. 임대사업자를 장기임대와 단기임대로 나눠서 구분한 것이다. 단기임대는 민특법 이전의 임대차 관련 법에서 5년이 의무기간이었으나, 실제로 임대차가 2년 단위로 계약을 맺는다는 점을 고려하여 4년으로 단축해줬다. 또 장기임대는 8년 이상으로 규정했는데, 장기임대주택의 대상도 85㎡ 이하로 되어 있던 면적 제한 또는 초기 임대료 규제를 폐지하면서 대상 주택을 확대할 수 있는 기반을 마련했다. 임대 고급화를 기획했기 때문에 대형 면적도 추가할 수 있게 한 것은 맥락 있는 변화였다.

임대주택사업자 유형이 정비되면서 세제 혜택도 발맞추어 정비했다. 주택 구입 시의 취득세부터 보유 중의 소득세, 매각 시의 양도세까지 전 세금을 인하했다. 8년 장기임대를 하는 60~85㎡ 면적의 주택은 취득세 감면율을 종전 25%에서 50%로 확대했다. 임대소득세는 감면 대상 기준시가를 3억 원에서 6억 원으로 확대했다. 또 85㎡ 이하 4년 단기임대는 소득세 감면율을 30%, 8년 장기임대는 75%로 대폭 확대했다.

양도소득세에서도 장기보유특별공제율을 단기 40%, 장기 70%로 확대했다. 임대사업자에게 주어지는 장기보유특별공제가 특히 혜택의 끝판왕에 가까웠다. 당시 장기임대사업자 대상의 혜택은 없었으나, 이 법을 만들면서 최대 70%로 신설한 것이었다. 100%를 감면하면 세금이 0원이 된다고 생각하면 된다. 최대 70%까지 감면한다는 것은 단순히 세율을 낮춰주는 수준이 아니라 세금을 거의 사라지게 하는 효과라고 할 만큼 큰 혜택이다. 지금도 주택임대사업자 제도의 가장 큰 혜택은 장기보유특별공제라고 꼽는 전문가들이 많다. 2015년, 뉴스테이는 이렇게 전폭적인 지원을 받고 시장에 화려하게 등장했다.

기업을 순수 임대주택의 공급원으로 했을 때의 장점은 무엇일까? 이는 주택임대사업자 및 다주택자를 확대하는 것과 달리 주택의 총수가 증가한다는 데 있다.

그림 1-3 **자가와 임대의 비중 변화: 기업임대 확대 시**

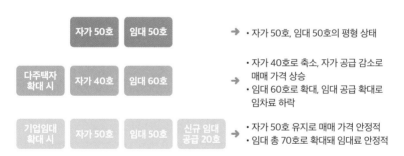

즉 순수임대주택을 공급하는 임대주택사업자를 육성함으로써 자가 시장인 매매 시장의 안정성을 유지하면서 임차 공급 확대로 임대차 시장 안정도 동시에 달성할 수 있게 된다.

이 엘사는 〈겨울왕국〉의
엘사가 아닙니다

2009년 디즈니가 발표한 애니메이션인 〈겨울왕국〉은 주제곡 '렛잇고Let it go'의 대히트와 함께 겨울마다 등장하는 어린이용 단골 영화가 됐다. 아이들만 열광한 게 아니었다. 등장하는 여주인공인 엘사 공주 이야기를 한 편, 두 편 보다 보면 정말 잘 만들어진 애니메이션임을 누구나 공감하게 된다.

그런데 한국 부동산 시장에도 엘사가 있다고 한다. 이때의 엘사는 앞의 디즈니 공주가 아니라 'LH에 사는 사람'이라는 뜻이다. LH(한국토지주택공사)는 2020년 말 기준 국내에 총 173만 호의 공공임대주택사업을 전개하고 있는데, 이들 주택, 즉 LH 로고가 선명히 들어간 주택에 거주하는 사람들을 엘사라고 부른다는 얘기다.

그야말로 천박한 자본주의의 모습을 드러내는 신조어라고 생각하는데, 우리나라의 수십 년에 걸친 주거복지 정책에 대한 노력을 희롱하는 것이자 인간 존엄을 모독하는 것과 같아서다.

천박한 자본주의의 민얼굴

나는 2016년 『뉴스테이 시대, 사야 할 집 팔아야 할 집』이라는 책에서 '휴거'라는 단어가 사용되는 예를 언급한 적이 있다. 휴거는 밀레니얼 시점인 1999년 말에 유행한 종말론에서 나온 말이다. 1999년 말이 되면 세상이 망한다는 것이었고, 기도하면 구제를 받는다는 것이 휴거의 교리였다. 그런데 2010년대에 우리나라 일부 집단에서 휴거가 다른 의미로 쓰이기 시작했다. 바로 '휴먼시아 거지'의 줄임말이다. 휴먼시아는 이명박 정부에서 추진한 '누구에게나 주택을'이라는 콘셉트로 공급된 보금자리주택의 브랜드다. 공공임대아파트의 브랜드를 고급화하고, 분양 아파트 역시 공공이 주도하여 합리적 가격으로 공급한다는 전략에서 새롭게 추진한 것이었다. 하지만 그렇게 했음에도 공공임대 또는 공공분양주택에 거주하는 사람들이 '거지'라고 불린다는 것이다.

그 얘길 들었을 때의 충격은 아직도 잊히지 않는다. 그런데 몇 년 지나지 않아 다시 엘사 논란을 마주하게 됐다.

시장이 임대주택을 선호하지 않는다는 점은 여기저기서 드러난다. 한국에서 도시 구조가 가장 특징적인 곳 중 하나가 목동이다. 목동은 우리나라에 생소한 도로교통 체계를 도입해 지어지면서 외부와 다소 단절된 느낌의 섬 같은 형태로 설계됐다. 실제로도 섬과 같은 느낌을 주는 지역인데, 외부인의 시각으로 바라봤을 때 이를 느끼게 되는 장면들이 적지 않다.

단절은 어디에나 있다. 서초구 반포자이를 둘러볼 때도 단지 내 산책로 중간에 있는 경부고속도로 건너편 반포1동에서 오는 통로를 막아둔 것이 눈에 띄었다. 이전에 거주했던 서초삼성래미안에서도 아파트 부지보다 높은 서초동 빌라촌과 연결되는 통로가 있었으나 그 통로를 막아두었다. 관리사무소의 설명은 외부인이 다수 들어오면 불편한 일이 생기니까 아예 막아놨다는 것이다. 또 청담자이는 외부인이 출입할 수 있는 수단이 전혀 없다. 주문도 막혀 있기 때문이다. 아파트 안의 놀이터라도 가려면 단지 전체를 빙 돌아서 정문으로 오라는 것인데 정문으로 들어가려면 카드키가 필요한 곳도 많다. 그러다 보니 아파트 단지가 도시 외곽과 선택적 개방, 상시적 폐쇄가 되는 것은 당연했다. 마치 아파트 단지들이 단지 밖을 향해서 "밖은 위험하고 안은 안전해!"라고 외치는 어린아이 같달까.

심지어 같은 단지 안에서 SH(서울주택도시공사)가 관리하는 임대동(임대호)인지 아닌지에 따라서 나뉘기도 한다. 개포동에 재건축을 할 때 임대동을 출입구 쪽에 배치한다든가, 반포래미안에서 임대동과 일반동의 출입구가 서로 다르다든가, 성북구 재개발에서 통로를 다르게 한다든가, 마포 합정의 메세나폴리스 개발 때도 임대단지를 구분한다든가 등 숱한 사례를 볼 수 있다. 아파트가 아니면 선을 긋고, 자가나 전세가 아니라 공공임대면 선을 긋는 것이다. 대체 주거가 뭐길래 이렇게 사람들을 구분하고 갈라놓으려 하는지 안타까울 때가 많다.

🏠 임대주택의 고퀄리티화와 대중화

임차인에 대한 시각이 여전히 보수적인 것이 한국이다. 나 역시 어디 외부에서 주택 세미나라도 할 때 자가가 아니라 전세로 거주하고 있다고 말하면, "중이 제 머리 못 깎네요"라는 반응을 접하기도 한다. 세상에. 그래서 세미나 초반에 미리 약을 쳐두기도 한다.

결국 우리나라에 필요한 것은 임대 시장에 대한 인식 개선이 더 먼저라는 판단이다. 특히 민간임대 시장에도 패러다임 전환이 필요하다. 임대지만 매우 고퀄리티일 수 있다는 것, 민간임대주택보다 더 좋은 공공임대주택이 나온다는 것 등 시장에 충격을 줄 수 있는 무언가가 필요한 상황이다.

자동차 산업에서의 경험을 생각해보면 쉬울 것이다. 우리는

1800년대 이후 내연기관차를 중심으로 자동차를 바라봤다. 중간에 전기자동차가 등장했으나, 대세로 자리 잡지 못했다. 전기차는 '이상하게 생긴 뚱뚱한 차'였기 때문이다. 그러나 2012년 테슬라의 모델S가 정통 세단을 연상케 하는 미려한 외관과 함께 슈퍼카에 맞먹는 고성능을 시현하자 전기차에 대한 세상의 인식이 바뀌었다.

사족을 달자면, 물론 테슬라는 슈퍼카를 지향하는 기업이 아니다. 그런 엄청난 성능의 차를 만들 수 있음에도 가격 혁신을 통해 전 세계인에게 2,500만 달러(약 3,000만 원)에 탈 수 있는 가성비 좋은 전기차를 만들겠다는 꿈으로 돌아가는 기업이다. 이런 점에서 우리나라 임대주택 시장의 미래에도 적용 가능한 벤치마크 사례가 아닌가 한다.

부동산 얘기 하다 갑자기 웬 테슬라 얘기냐고 할지도 모르겠으나, 한국의 임대주택에도 이런 게임체인저가 필요하다는 걸 강조하고 싶었다. 임대주택인데 고급이면서 민간 소유 주택보다 주거 퀄리티가 더 높은 단지가 필요하다. 이와 동시에 1~2채가 아니라 대량으로 공급함으로써 시장 전체적으로 임대주택에 대한 인식의 틀을 깰 필요가 있다. 이는 개인 다주택자들에게만 기대해서는 도저히 달성하기 어려운 일이며, 정부가 지속적으로 노력하는 한편 새로운 임대주택의 공급원이 한국에 등장할 필요가 있다고 본다. 테슬라가 그렇듯, 우리나라도 잘 준비된 기업들이 임대주택의 새로운 공급원으로 등장해야 하는 시점이 됐다. 중요한 건 '기업'이 새로운 공급원이라는 점이다.

기업들의 임대 시장 진출과 임대주택의 고퀄리티화와 대중화, 이것이 임대 시장 선진화의 큰 그림을 그리는 출발점이 될 것이다.

뉴스테이 사업 사례: 이지스레지던스리츠

국내 리츠 역사에서 이지스레지던스리츠 이전에는 물류센터나 대형 오피스빌딩 등이 주를 이뤘고, 주거용 부동산으로 구성된 리츠는 이지스가 처음이었다. 아파트를 쪼개서 살 수 있다는 점이 홍보되면서 이지스레지던스리츠는 크게 흥행하며 2020년 주식 시장에 상장했다.

이지스레지던스리츠가 보유한 부동산은 2022년 기준 4종인데, 맨 처음 확보한 부동산이면서 보유 중인 자산 중 가장 규모가 큰 부동산은 더샵부평이라는 5,000세대가 넘는 아파트 단지다. 평범한 재개발사업처럼 보이는 이 단지는 일반분양을 한 적이 없다. 인천시 부평구 십정2구역 정비사업에서 나온 일반분양분 3,578

그림 1-4 **이지스레지던스리츠 구성**

출처: 이지스레지던스리츠 홈페이지

세대를 이지스가 일시에 매입했기 때문이다. 한 번의 매매 거래로 무려 3,578세대를 통째 매수한 것이다.

원래 십정2구역은 도시정비사업의 일환인 주거환경 개선 사업으로 시작됐다가, 2015년에 민특법의 등장과 함께 뉴스테이로 추진하는 것으로 변경됐다. 당시 주거환경 개선 사업으로 2000년대 초반부터 10년간 추진했음에도 사업이 궤도에 오르질 못했다. 그렇게 추진이 지지부진해지면서 새로운 돌파구가 필요했는데, 이 즈음에 시작된 뉴스테이 정책이 그 돌파구로 받아들여진 것은 어쩌면 당연한 결과였을 것이다.

통상 정비사업의 경우에는 소유주들이 조합을 결성하고, 조합원에게 분배되는 아파트(조합분양)를 제외하고 추가로 아파트를 공급해서 이를 제3자에게 공급한다(일반분양). 이렇게 공급하는 일반분양의 주택 가격(분양가)이 높거나 규모가 크면(세대 수) 수익성이 커지는 구조다. 그런데 당시의 주택 시장과 주거환경 정비사업상으로는 사업의 수익성을 확보하기 어려운 구조라서 사업이 장기간 표류하고 있던 터였다. 그런데 뉴스테이로 전환하면 용적률을 높여서 세대 수를 더 늘릴 수 있고, 그러면 수익성도 추가로 확보할 수 있기 때문에 뉴스테이가 돌파구로 받아들여지게 된 것이다. 정부의 뉴스테이 촉진 정책에 부합하는 단지였다.

🏠 저렴한 임차료의 표본이 된 이지스 모델

당시 십정2구역을 뉴스테이로 추진하려던 주체는 스트래튼홀딩스(이후 '마이마알이'로 변경)로, 순수한 부동산 임대업을 영위하고자 하는 기업이었다. 스트래튼이 금융자본의 힘을 빌려 자본을 조달하고 십정2구역을 첫 번째 뉴스테이로 하는 것이 목적이었다. 스트래튼은 십정2구역만이 아니라 인천 지역을 거점 지역화하여 최소 4~5만 호 수준의 초대형 임대주택사업자가 되는 것을 목표로 했고, 주택임대 플랫폼을 만든다는 원대한 계획도 있던 비전 가득한 기업이었다.

그러나 자본 시장은 냉엄했다. 2015~2016년만 하더라도 국내 주택 가격은 현재와 달랐을뿐더러 시중에는 디플레이션에 대한 우려도 존재했다. 만약 디플레이션이 닥친다면 임대주택사업자가 8년 후 주택을 매각해야 할 때 원가 이하로 매각할 수도 있다는 우려가 컸고, 이 때문에 자본을 조달하기가 쉽지 않았다.

당시 자본 시장에 있으면서 국내 기관 투자자들에게 뉴스테이 사업을 설명하고, 이 사업의 장점이나 특징을 설명하던 일을 하던 내게도 스트래튼에서 연락이 왔었다. 당시 스트래튼과 업무 미팅을 통해서 확인할 수 있었던 부분도 그런 것이었다. 기업형 임대주택사업자로서 타인자본(부채)을 조달해야 하는데, 돈을 빌려줄 수 있는 기관들의 요구가 매우 까다로웠다는 것이다. 결국 돈 빌려주는 쪽은 그 돈을 빌려 간 쪽에서 갚을 수 있을지를 살피기 때문에 근본적으로 8년 후 인천 부동산 시장이 지금보다 좋아질지를 물어보는데, 미래는 불확실한 것이므로 이를 해결하기 어렵다는 것이었다.

당시 뉴스테이와 관련된 책을 썼기 때문에 스트래튼의 투자 제안을 받은 부동산 운용 회사들이 내게 연락해 세미나를 요청한 적이 많았다. 한번은 세미나를 시작하는데, 내가 자리에 앉자마자 "인천 부동산 가격이 지금보다 8년 후 높을 수 있다는 근거를 말해보세요"라고 하는 것이었다. 내가 "미래를 어떻게 확정할 수 있겠습니까?"라고 했더니, "그럼 이런 투자를 저희가 어떻게 하죠?"라고 묻는 것이었다. 자리에 앉은 지 1분도 안 돼서 나가라는 소리를 하길래 속으로 '보험이라도 팔아드려요?'라고 하고 싶었지만, 꾹 참고 일어났다(사회력이 '+1' 증가하는 순간이었다). 미래 주택 시장이 오늘보다 좋으리라고 막연히 생각할 순 있겠지만, 돈이 왔다 갔다 하는 자리에서 막연한 감만으로 판단하긴 어렵고 근거나 보증이 필요했다는 얘기다.

결과적으로 스트래튼홀딩스는 2017년 해당 사업에 대한 자본조달에 실패하면서 안타깝지만 사업권을 잃고 말았다. 그 단지에 재입찰을 추진한 것이 국내 1위 부동산 운용 회사인 이지스였고,* 입찰에 성공하면서 이지스 주도로 사업이 추진됐다. 이지스는 국내 부동산 1위 운용사답게 자본조달에도 성공하며, 이 사업을 공모상장리츠의 형태로까지 만들어서 한국 최초의 주택리츠라는 명예도 거머쥐었다.

이후 사업을 차근차근 밟아가던 이지스는 2020년 8월 민간임대주택에 임차인 모집공고를 하면서 이 사업을 궤도에 올렸고, 주식 시장에도 상장하면서 장기간 지연되던 사업의 결말을 봤다. 이 단지는 2023년 6월 준공 예정으로, 준공 후 8년간 민간임대로 공급하게 되며, 이후 매각을 할지 말지는 이지스레지던스리츠에 달려 있다.

물론 2020년 8월 더샵부평에서 임차인 모집을 할 때,** 모집

* 「한국일보」, "십정2구역 임대사업자 재입찰도 1곳 참여", 2017. 6. 30, https://www.hankookilbo.com/News/Read/201706301749204589
** 십정2구역 인천 더샵 부평 임차인 모집공고(공공지원 민간임대주택), https://image.ebunyang.co.kr/files/bunyang/kb_pdf/60236/uploadfile_202010084768195.pdf

가액이 비싸다는 반응도 있었다. 부평더샵 59㎡의 임차료는 타입마다 다르긴 하나, 보증금이 1억 4,500만 원이었고, 월 임대료는 39만 3,750원이었다. 월세를 전세로 전환할 경우 전세가 약 2억 5,000만 원에 해당하는 금액이었다. 이것이 당시 인천 구시가지 임대차 시세 대비 꼭 싸지만은 않다는 의견들이 있었던 것이다.

그러나 결과적으로 이지스레지던스리츠는 매우 저렴한 임차료의 표본이 되고 있다. 민특법의 임대사업자 규정상 8년간 임대가 가능하고 2년 단위로 5%를 올릴 수 있으나, 이미 2020년 임대차 2법 도입의 아비규환을 지나온 터라 2022년 기준 주변 전셋값보다 현저히 낮은 수준이 됐다. 아마도 이 단지에 입주하는 임차인들은 저렴한 주거비용에 높은 생활 환경을 누릴 수 있을 것이다. 즉, 이 단지는 현재의 임차료 구조에서는 주변에서 가장 싸고 좋은 신축 대단지가 될 운명이다.

🏠 그래서 뉴스테이는 성공했을까?

이렇게 십정2구역이 이지스레지던스리츠로 상장하면서 뉴스테이가 성공했느냐고 물어볼 독자들도 있을 것이다. 이제 그 질문에 답을 해볼까 한다.

인천에는 십정2구역과 유사한, 국내 최초 뉴스테이 시범단지로 지정된 청천2구역도 존재했다. 이 구역에 대한 초창기 사업자도 스트래튼홀딩스였는데, 이 사업 역시 결과적으로 스트래튼이 빠지고 아예 원점으로 되돌아가 일반 재개발사업으로 전환됐다. 단순한 일반 재개발은 아니고 부동산신탁회사라는 전문가들이 사업 시행을 주도하는 신탁대행 방식의 재개발로 전환했는데, 결과적으로 2,900여 세대의 대규모 정비사업까지 성사시키면서 이 사업 역시 결실을 봤다.

다만 청천2구역의 경우에는 뉴스테이 사업이 좌초하게 됐는데, 국내 1호 사업의 좌초는 시사하는 바가 컸다. 뉴스테이가 기업형 임대주택이라는 점이 문제라기보다는 사업을 추진하는 데 일종의 로드맵이 존재하지 않았고, 무엇보다 처음 실행하는 거다 보니 중간에 맞닥뜨리는 정비사업의 어려움을 그대로 사업 주체들이 체감하게 됐다는 점이 컸다. 예를 들어, 정비사업의 경우 단계마다 상당한 시일이 소요된다. 특히 소유주가 많은 대형 사업일수록 일이 오래 진행되는 경우가 부지기수다. 그런데 당시 뉴스테이 사업이 박근혜 정부 주요 사업이면서 또 전국 1호라는 상징성을 갖는 사업이었던 만큼, 속도를 너무 내면서 마찰이 나기 시작한 것이다.

정비사업 조합은 분양 전까지 매출이 일어나지 않는 조직이므로 활동비 등 운영비를 위해서 돈이 필요한데, 원래 뉴스테이 사업자에게 지급하는 매각 계약금이 매도 시점이 아니라 착공 이후로 일방적으로 변경되어버렸다. 이는 조합이 알아서 돈을 구하고 사업을 운영하라고 하는 것과 같은데, 매출이 0원인 조합이 어디서 돈을 구하겠는가. 결국 조합은 이런저런 차입에 따른 비용 증가와 사업의 지연에 따른 공사비 상승 등으로 총 1,100억 원을 추가로 부담해야 하는 상황에 이르렀다. 기업형 임대사업자를 위한 배려 속에 이들이 속도를 낼수록 원래의 조합은 의사결정을 해야 할 것이 더 많아지고 사업이 늦어지는 모순에 갇히게 됐다.

2019년에 결국 청천2구역은 다른 뉴스테이 시범단지 27개와 손을 합쳐 연합회를 구성하고 정부에 제도 개선을 요구했고, 2019년 12월에 겨우 뉴스테이 방식이 아니라 일반 재개발 방식으로 전환될 수 있었다.

결과적으로 청천2구역은 뉴스테이에서 민간 재개발로 사업 방식을 반대로 바꾼 1호 사업이 됐다. 그리고 이 사업에 시공사로 관여한 메이저 건설사인 디엘이엔씨(구 대림산업)는 이 사업의 변경을 성공이라고 자축했다.* 뉴스테이를 탈출했으니 성공이라고 한 것이다.

이것이 박근혜 정부의 뉴스테이 사업이 성공했느냐에 대한 질문에 답이 되지 않을까. 박근혜 정부의 뉴스테이는 정비사업과 연계해서 진행하는 방식이 핵심 모델이었다. 이는 일거양득의 개념과 같아서, 정비사업도 활성화하고 기업형 임대주택사업도 촉

---

* 「경인일보」, "뉴스테이에서 민간개발 전환해 성공한 청천2구역 개발사업", 2021.8.24, http://m.kyeongin.com/view.php?key = 20210824010004428

진하는 거의 꿈에 가까운 해법처럼 느껴졌을 것이다. 그러나 청천2구역의 사례처럼 결과적으로 정비사업 연계형 뉴스테이는 실패에 가까운 모델이 됐다.

큰 개념에서 민간정비사업과 기업형 임대주택을 연계하려는 시도는 사실상 실패한 아이디어가 됐는데, 왜 그런 걸까? 기업형 임대사업자가 준비해야 하는 일 및 현금흐름이, 민간정비사업의 조합이 준비해야 하는 일 및 현금흐름과 잘 들어맞을 수가 없었다는 것이 가장 큰 원인이다. 쉽게 표현하자면 1개의 땅에 2개의 사업 주체가 있는 것과 같다. 조합은 조합대로 할 일을 해야 하고 뉴스테이 기업 역시 자기 할 일을 해야 하는데, 이 둘을 어떻게 매칭한단 말인가. 사공이 많으면 배가 산으로 간다지 않던가.

3기 신도시는
뉴스테이 2기의 실험무대가 된다

2018년 9월 21일, 김현미 국토부 장관은 추석을 며칠 앞두고 수도권 주택 공급 확대 방안을 발표했다. 이미 2018년 9·13이라는 두 번째 종합부동산대책을 발표하면서 종합부동산세를 대대적으로 인상한 후이자, 그동안 주택 시장의 과열 요인이 된 주택임대사업자에 대한 혜택을 축소하겠다고 발표한 직후였다. 주택임대사업자는 문재인 정부 초기에는 활성화 대상이었지만 9·13부터 혜택이 축소되기 시작됐다. 이른바 방향성의 전환이 시작된 시점이다. 그 정책이 발표되고 불과 8일이 지난 시점에 문 정부 최초의 주택 공급 정책을 발표한 것이다.

공급으로의 정책 전환은 시사점이 있는데, 이는 2014년 9·1부동산대책 이후 사라졌던 한국의 신도시가 다시 살아난다는 것을 의미했고, 실제 극도의 주택 공급 축소 정책을 폈던 이명박~박근혜 정부 기간인 2012년부터 시작하면 만 6년 만의 대대적 변화를 예고한 것이었다. 안타까운 것은 부동산은 리드타임이 길어서 실제 공급으로까지 나오는 데 몇 년의 시간이 걸린다는 것이다.

문재인 정부가 주택 공급을 하지 않은 정부로 인식되고 있으나, 실제 재임 기간 중 공급에 대한 인식 전환만 보자면 늦지는 않았다고 할 것이다. 불과 2년 차에 대대적 공급 정책으로 돌아섰기 때문이다. 2017~2018년 약 2년에 걸쳐 발표됐던 다수의 부동산 정책에서 정부가 항상 '공급이 충분하다'라고 해왔던 것과 달리, 처음으로 수도권 주택 가격 안정을 위해서 주택 공급이 추가로 필요하다는 것을 인정한 정책이다. 당시 정책 전환의 명분이 필요했는데, 2017~2018년의 초강세장은 충분히 명분이 되고도 남았다.

🔍 3기 신도시의 등장

9·21정책에서 처음 도입된 3기 신도시는 처음 5개 지역으로 발표됐다가 2019년에 추가로 2개, 2020년에 새로 2개 지역을 추가로 발표하면서 대규모 신도시만 9개 지역에 이르는 수도권 공공택지 74만 호 공급 계획의 핵심이 된다. 그리고 3기 신도시는 윤석

열 정부에서도 승계한 정책이니 상당히 중요한 공급 정책이라고
할 것이다.

현재의 대형 3기 신도시 지역은 남양주 왕숙1·왕숙2지구, 하남
교산지구, 과천 과천지구, 화성 진안지구, 화성 봉담3지구, 의왕-
군포-안산지구, 안산 장상지구, 광명 시흥지구, 인천 구월2지구,
부천 대장지구, 인천 계양지구, 고양 창릉지구로 구성됐다.

그림 1-5 **3기 신도시 맵**

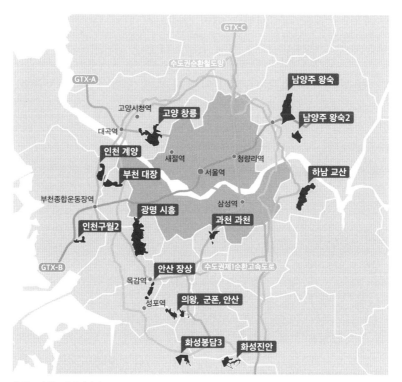

출처: 3기 신도시 홈페이지

3기라는 이름에서처럼 당연히 3기 이전의 신도시들도 있다. 이들이 바로 1·2기 신도시다. 1기는 성남 분당, 안양 평촌, 군포 산본, 부천 중동, 고양 일산으로 구성된 한국 최초의 신도시로 5개 도시가 여기에 해당한다. 2기 신도시는 인천 검단신도시, 평택 고덕국제신도시, 수원 광교신도시, 화성 동탄1·2신도시, 양주 옥정신도시, 파주 운정신도시, 하남 위례신도시, 성남 판교신도시다.

특징적인 것은 3기 신도시는 그 이전의 1·2기 신도시와 도시의 결이 다소 다르다는 점이다. 3기 신도시의 별칭 중 하나가 '공공주택 신도시'다. 3기 신도시는 2기 신도시와 달리 택지개발촉진법(택촉법)으로 만들어진 것이 아니라 '공공주택특별법(공특법)'으로 만들어졌기 때문이다. 이 둘 사이에는 공공주택의 비중이 매우 다르다는 차이점이 있다.

택지의 유형별 비중을 보면, 택지개발촉진법상에서는 공공주택 비중이 20% 이상이고 민영주택은 80% 이하로 되어 있다. 공공과 민영의 비중이 2:8이다. 반면 공공주택특별법상에서는 공공주택의 비중이 50% 이상으로, 민영주택은 50% 이하로 되어 있다. 즉, 민영주택의 비중은 최대 50%이고 이를 넘을 수 없다. 민영주택의 공급 비중이 낮은 셈이다.

실제로, 택촉법으로 건설된 2기 신도시인 검단신도시를 보자. 검단신도시는 건설 예정 물량 총 7만 5,000호 중 약 24%가 공공

표 1-3 **택지 유형별 주택 비율**

택지개발촉진법	유형		공공주택특별법
20% 이상	공공주택		50% 이상
		공공임대	35% 이상 국민임대 등 장기공공임대 25% 이상, 영구임대 5% 이상
		공공분양	25% 이하
80% 이하	기타(민간분양 등)		50% 이하

※ 공공주택 비율이 늘어날 경우 기타 비율은 감소함
출처: 국토교통부

주택이고 76%는 민영주택으로 구성되어 있다. 반면, 공공택지법
으로 조성된 서울 항동 공공주택지구는 규모는 작지만 총 5,200
호 중 80%가 공공주택이고, 나머지 20%가 민영주택이다. 항동지
구는 공공주택 비중이 유난히 높은 것이 사실이지만, 실제 공공
주택법상의 신도시에서는 이처럼 공공주택의 비중이 상당히 높
게 나타날 수도 있다. 그래서 3기 신도시 정책이 문 정부 최대의
공급 정책이었음에도, 시장 전문가들은 민간분양의 비중이 적다
는 이유로 민간 주택 공급의 효과가 크지 않다고 지적해왔다.

🔍 3기 신도시는 뉴스테이 시즌 2가 될 것

윤석열 정부에서는 3기 신도시를 어떻게 할 것인가?

윤 대통령 당선 초기, 시장 일부에서는 '3기 신도시를 폐지하
지 않을까?' 하는 의견이 있었던 것도 사실이다. 그러나 3기 신도

시를 통한 주택 공급 계획은 윤석열 후보의 공약에도 담겨 있다.
3기 신도시급의 공급 계획은 여러 정부에 걸쳐서 개발되어온 사
안이고, 사전청약 등을 이미 시작한 만큼 윤 정부에서 갑자기 폐
지하거나 할 수는 없다. 실제 새 정부의 공약에서도 앞으로 5년간
250만 호 공급 중 공공택지 142만 호 공급이 규모 면에서는 가장
크다. 현재 개발 중인 공공택지 및 GTX 노선상의 역세권 컴팩트
도시를 건설하는 것으로 수도권에만 74만 호의 주택 공급을 계획
하는 데 3기 신도시가 활용된다. 3기 신도시가 공급의 내용적인
면은 아니라도 규모 면에서는 핵심이 된다는 의미다.

3기 신도시와 관련된 윤석열 정부의 주택 공약을 찬찬히 살펴
보자.

가장 중요한 부분은 '공공택지에서 민간에 배정된 택지 물량의

 윤 정부의 부동산 공약 중

▶ **세제 및 금융지원 강화로 장기 민간임대주택 시장 활성화**
- 공공택지에서 민간에 배정된 택지 물량의 일부를 민간임대주택으로 배정
- 10년 이상 장기임대주택 양도소득세의 장기보유공제율을 현행 70%에서 80%
  로 상향
- 임대주택사업자 지원정책 중단 방지를 위한 제도적 장치 마련

▶ **계층혼합(social mix)을 위한 민간임대주택 일부를 취약계층에 배정**
- 취약계층에 배정된 임대주택 임대료는 시장 가격보다 저렴하게 책정
- 임대사업자에게는 임대료 손실액에 대해 세액 공제를 제공하고, 세액 공제를
  이연할 수 있도록 지원

일부를 민간임대주택으로 배정'이다. 왜 그럴까?

사실 이 단락은 매우 일반적으로 쓰인 문장들이어서, 이 항목이 바로 박근혜 정부에서 추진하던 핵심 사업인 기업형 임대주택사업, 즉 뉴스테이가 부활하는 것으로 선뜻 알아차리기 어렵다. 기업형 임대주택사업이 대체 뭐길래?

통상 3기 신도시 중 민간택지는 민간 사업 시행자에 의한 분양이 될 것으로 기대하는 사람들이 많다. 시장의 유명한 브랜드 아파트로 분양되고, 분양가는 어떻고 하는 형태로 공급되는 것 말이다. 그런데 공약한 바와 같이 기업형 임대주택제도가 3기 신도시에 도입될 경우 주택 공급의 형태가 분양이 아닐 수도 있다. 분양만 놓고 보자면 상당히 감소할 가능성이 크다. 어쩌면 공급 측면에서 굉장히 중요한 이슈가 될 수 있는 게 바로 기업형 임대주택제도다.

공약 내용대로, 3기 신도시 등 공공택지에서 공급되는 거대한 택지 물량의 일부를 민간임대주택에 배정한다는 의미를 생각해보자. 세상 어느 개인이 3기 신도시급 초대형 공공택지에 공급되는 토지를, 금액으로는 수백억 원에서 수천억 원에 달하는 택지를 분양받겠는가. 그럴 수 있는 개인은 극소수일뿐더러, 세부적으로는 택지 공급의 자격 요건에도 맞지 않아 사실상 공급받을 수 없다. 즉 3기 신도시의 민간택지 일부는 개인이 아니라 기업에 공급하고, 기업이 이 땅을 활용해서 순수 임대주택을 공급한다는 것을 의미한다. 과거 박근혜 정부 때 충분히 빛을 보지 못했던 뉴스테이 사업이 다시 도입되는 것으로, 이른바 뉴스테이 시즌 2가 3기 신도시에서 시작된다.

🔍 임대 시장 안정화를 위한
기업형 임대주택

책을 집필하는 2022년 4월 기준, 윤석열 정부가 구체적으로 민간 택지의 몇 퍼센트를 기업형 임대주택사업자에게 배분할지를 정해놓은 것은 아직 없다. 그러나 윤 정부의 부동산 공약들을 보면, 이후 자세히 살펴보겠지만, 임대 시장 안정을 위해서 다각도의 노력을 기울이리라는 점을 알 수 있다. 개인 다주택자가 주택임대사업자로 등록할 수 있도록 주택임대사업자 제도를 부활하는 내용을 포함해서 임대차법을 전면 재검토한다거나 기업형 임대주택사업자의 부활을 예고한다는 점 등이 그렇다. 최소한 윤 정부는 임대 시장 안정에 진심이다. 결코 시범 사업 정도로 기업형 임대주택을 재개할 가능성은 작다. 오히려 박근혜 정부 때 실패했던 기업형 임대주택사업을 성공시키기 위해서 더 노력할 것으로 보는 게 합리적일 것이다. 임대차 시장 안정을 위한 패키지 정책의 수행, 이것이 윤석열 정부 부동산 정책의 핵심이다.

〈그림 1-6〉은 종전 3기 신도시의 택지별 공급 방식을 문재

인 정부와 윤석열 정부에서 어떻게 꾸며갈지를 개념화한 것이다. 3기 신도시 안에서 기업은 과거와 달리 분양만을 염두에 두는 것이 아니다. 이제 자신만의 방식으로 얼마든지 기업형 임대주택을 건설, 공급할 수 있는 상황이 됐다. 그렇게 3기 신도시에는 감소하는 분양만큼 순수 민간임대주택이 들어선다. 다음 그림처럼 달라질 3기 신도시를 상상해보라.

그림 1-6 **3기 신도시의 주택 공급 형태 변화 개념도**

3기 신도시		3기 신도시	
공공주택	민영주택	공공주택	민영주택
임대 / 분양	분양	임대 / 분양	임대(뉴스테이) / 분양

돌연변이 기업형 임대사업이
아닐 수 있도록

2021년은 NFT의 한 해였다. 그리고 그 중심에는 크립토펑크 CryptoPunks나 지루한 원숭이 시리즈가 있었다. 이 중 BAYC라는 NFT 는 NFT계의 에르메스 또는 샤넬이라고 불릴 만큼 초고가를 구사 하며, 글로벌 셀럽들이 구매인증을 하는 유행의 최첨단이었다. BAYC는 'Bored Ape Yacht Club'의 약자로, 지루한 원숭이 클럽 으로 불린다. 이 원숭이들을 변형한 돌연변이(뮤턴트)들도 있는 데, 이는 MAYC로 불리며 다른 컬렉션을 유지하고 있다. 〈그림 1-7〉에 각각을 대표하는 그림들을 실어봤는데, 왼쪽과 오른쪽의 원숭이들을 보면 어떤 생각이 드는지?

박근혜 정부가 추진하던 뉴스테이도 시작은 평범했으나, 2020

사야 할 집 팔아야 할 집

그림 1-7 지루한 원숭이와 돌연변이 원숭이

Bored Ape Yacht Cl...   Top Bid   Mutant Ape Yacht C...   Price
3368   ♦ 91.01   6808   ♦ 24.2
                           Last ♦ 29.5   Last ♦ 23

BAYC #3368   Mutant Ape Yacht Club #6808

출처: Opensea

년을 전후로 다소 변형적 모습이 나타나기 시작했다. 아무도 예상하지 못하던 시점에 갑자기 시장의 작은 주류가 되는 모습이었다.

🔍 돌연변이 뉴스테이 사례

보증금 8억대에 월 100만 원의 임대주택

2021년 8월, 용인 수지구청역 주변에 715세대 규모의 롯데캐슬하이브엘이라는 주택이 입주자 모집공고를 했다. 이 주택은 '장기

일반 민간임대주택'으로 임차인 모집공고를 했는데, 일반적인 소유권 이전을 위한 분양공고를 한 것이 아니라 임대주택의 임차인 모집을 공고한 것이다.

분양 시 청약조정지역의 민영주택일 경우 국민주택 규모 이하에서는 가점제 75%, 추첨제 25%를 적용하는 것이 청약 기준이다. 그런데 이 주택은 '민간임대주택'이었으므로 공급 주체의 마음대로 임차인을 모집할 수 있었고, 제한도 없어서 추첨제 100%를 적용하여 임차인 모집공고를 했다.

임차인 모집공고의 '공급규모 및 공급대상'을 보면 다음처럼 나와 있다.

---

1 | 공급규모 및 공급대상

■ 「민간임대주택에 관한 특별법」 제42조 및 동법 시행규칙 제14조12 규정에 의거 경기도 용인시청 주택과 – 42019호(2021.08.26.)로 임대주택공급 신고 필
■ 공급위치: 용인시 보정동 266-4번지 일원
■ 공급규모: 아파트 지하 3층, 지상 25층~36층 4개동 총 715세대 및 부대복리시설
■ 공급내역: 지역거주민(용인시) 우선공급 50% 및 수도권 일반공급 50%
■ 공급대상: 장기일반민간임재주택(임대의무기간 10년)

아마도 관건은 임대계약 조건일 것이다. 이 단지는 전용면적 84㎡의 임차보증금이 8억 6,800만 원에서 8억 9,500만 원으로 평균 약 8억 8,000만 원이었다. 이는 보증금이고 월세도 지불해야 하는데 월 임대료 100만 원이 추가로 소요됐다. 8억 8,000만 원의

보증금 더하기 100만 원의 월세가 임차 조건이었다. 그럼에도 이 임차인 모집은 성황리에 마감됐다.

이들 주택이 민간 기업형 임대주택의 한 모습이자, 어쩌면 변형된 모습이라고 할 것이다. 일반적인 소유권을 양도하는 분양 형태에서는 분양 가격을 산정할 때 분양가 상한제 등을 적용받지만, 민간임대료를 산정할 때는 그런 제한이 없기 때문에 사업 주체가 임대료를 시장 가격에 육박하는 수준으로 산정할 수 있다. 이런 장점으로 사업주가 사업 방식을 변경하면서 자연스럽게 뉴스테이가 됐다. 즉 사업주는 적정 임대료와 보증금을 받으면서 10년간 임대주택사업을 유지하다가 10년 후 분양 전환을 하면 되고, 분양 전환 가격은 분양가 상한제 적용을 받지 않아서 시세로 전환할 수 있다는 장점이 있는 것이다. 입주자 모집공고에 그 내용이 명확히 적혀 있다.

> * 임대기간 종료 후 분양전환시 분양가격 및 방법은 임대사업자가 결정하여 시행하며, 거주중인 임차인은 우선분양전환 권리가 없음.
> * 임대료 납부일은 입주 후 주택임대관리업체(롯데건설(주))가 지정하는 날로 추후 안내할 예정임.

입주자 모집공고문에는 임대기간이 종료하면 분양 전환을 하는데, 그 가격이나 방법을 임대사업자가 결정하고 시행하며 거주 임차인은 우선분양전환 권리가 없다고 나와 있다. 그래서 분양 전환 가격이 얼마인지를 모른다고 해서 이른바 '깜깜이 분양 전환'이라는 표현을 쓰는데, 이 단지가 그런 형태였다. 사족을 달자면, 깜깜이이긴 하지만, 당첨자에게만은 귓속말로 전달을 해주니 분양 전환 가격이 시장에 퍼지는 것은 너무 쉬운 일이었다.

보증금 7억대에 월 80만 원의 임대주택

2022년 3월, 현대엔지니어링(현대건설의 연결 자회사)이 힐스테이트 인덕원의 입주자 모집공고를 올렸다. 그런데 이 아파트도 일반적인 민간분양 아파트가 아니라 '장기일반 민간임대주택'으로, 임대의무기간 10년을 채우고 이후 분양 전환을 할 수 있는 '민간임대주택'이었다.

입주자 모집공고에는 경기 의왕시 포일동 506-1번지 일원에 공급하는 주택이고, 349세대를 공급한다고 되어 있다. 민간임대다 보니 일반적인 청약 자격이 필요한 것이 아니어서 자체적으로 1군, 2군, 3군을 정해 별도로 임차인 모집공고를 한 것도 특색이다. 1군은 의왕시 우선 공급자 30세대로, 2군은 의왕시 우선 공급 244세대로, 3군은 수도권을 대상으로 일반공급 105세대로 하여 공급한다. 그리고 분양이 아니라 임대이므로 추첨제 100%를 도입했다.

힐스테이트인덕원의 경우에도 임대보증금이 전용면적 50㎡는 평균 5억 8,200만 원에서 6억 원, 전용면적 64㎡는 7억 5,800만 원에서 7억 9,700만 원이었다. 임대보증금에다가 입주가 시작되는 2025년부터는 면적에 따라서 추가로 월 임대료 70~85만 원을 내야 하는 구조다. 앞서 살펴본 롯데캐슬하이브엘과 동일한 형식이다. 그리고 힐스테이트인덕원 역시 분양 전환 가격에 대해서는 입주자 모집공고에 담지 않고 깜깜이 분양 전환을 공고했다. 깜깜이라고 해도 당첨되면 분양 전환 가격을 알 수 있으니, 무늬만 깜깜이일지도 모르겠지만.

🏠 돌연변이 뉴스테이의 원인은
분양가 상한제

이상의 사례와 같이 뉴스테이가 변형된 상태로 시장에 확대되기 시작한 것은 주지한 대로 분양가 상한제 때문이다. 2019년 12·16 정책을 시작으로 분양가 상한제 시행 지역이 본격적으로 확대되면서 주택사업 시행 주체들은 분양 가격을 원하는 대로 받지 못하게 됐다. 분양가 상한제란 분양원가제의 다른 말로, 토지비에 건축비를 더한 원가 방식으로 분양하라는 것이지 시세를 보고 분양하라는 것이 아니기 때문이다.

이 때문에 분양가 상한제하에서는 분양 가격이 주변 시세 대비 60%를 밑도는 경우도 비일비재했다. 분양가를 높게 받는 것이 점차 어려워지자 사업주들이 생각을 다르게 하기 시작했다. 굳이 낮은 가격에 분양을 하느니, 사업 형식을 바꿔서 10년간 임대주택사업을 하다가 이후 분양 전환을 하는 방식이 총수입은 더 크다고 판단한 것이다. 2020년부터 이런 흐름이 나타났고 2021년 정도가 되자 전국의 수십 개 단지에서 적용하기 시작했다. 안타깝지만, 뉴스테이는 정비사업 연계형으로 성공한 것이 아니라 분양가 상한제의 우회 수단으로서 성공하고 있었던 것이다.

이런 형태의 임대주택 공급이 바로 뉴스테이의 모습이다. 롯데캐슬하이브엘이나 힐스테이트인덕원은 순수 민간의 장기일반 임대주택의 입주자 모집공고 형식이었다. 법의 목적이나 취지와 달리 분양가 상한제 회피 목적이 더 크다고 할 수 있을 정도여서 다소 개선의 소지가 있는 것은 사실이다. 한편, 앞서 소개한 부평 더샵의 이지스레지던스리츠 같은 경우에는 순수민간이 아닌 공공지원형 민간임대주택 방식이다. 공공과 민간이 합작 사업을 하고 공급한 경우라서 입주자 모집공고에는 깜깜이 내용이 없으며, 아울러 임대보증금 및 임대료가 훨씬 저렴하다는 것을 확인할 수 있다. 이 가격들은 향후 분양 전환에서도 기준으로 작용할 것이다.

윤석열 정부에서 기업형 임대주택을 성공시키려면, 민간임대주택의 공급자가 분양가 상한제를 회피할 목적으로 공급하는 것보다는 임대주택을 공급하고, 임대차 시장 안정에 기여하며, 동시에 임대주택 수만~수십만 호를 보유하게 되는 주택 플랫폼 회사로 키우는 방향을 잡아야 할 것이다. 주택은 결국 준공된 이후에 입주관리·세탁·청소·도우미 등 다양한 주거관리 서비스를 추가할 수 있기 때문에 주택의 물리적 수명을 더 연장하는 형태로 발전할 수 있으며, 고용 유발 효과도 높이는 새로운 플랫폼이 될 수도 있다는 생각과 함께 말이다.

우리는 뉴스테이 시즌 1에서 어쩌면 성공과 실패와 변형의 사례를 모두 봤다고 할 수 있다. 어느 사례가 우리나라에 필요한지는 정부 관계자들이 판단할 것이다. 다만 이미 한번 실행해봤고, 보완이 된다면 한국 임차료 안정에 도움을 줄 정책이라는 사실은 자명하다. 물리적으로 주택건설을 늘리는 수단이 될 수 있기 때문이다.

2장

1기 신도시 재건축은
무조건 되어야 합니다

서울 최대 재건축 단지가
분양을 못 한 이유

2014년 9·1대책에서 박근혜 정부는 민영주택에 적용되는 분양가 상한제를 폐지하고 자율화했다. 국민주택의 경우에는 분양가 상한제를 여전히 적용하도록 유지 중이었고, 당시는 민영주택도 분양가 상한제를 적용받고 있었다. 분양가 상한제는 2007년부터 무려 만 7년 이상을 유지 중이었다. 그런데 구도심 재건축·재개발 사업을 촉진하려면 분양가를 높임으로써 조합의 수익성을 개선할 필요성이 있었기에, 구도심 정비사업 활성화 차원에서 민영주택의 분양가를 자율화한 것이다.

🏠 분양가 자율화와 110% 룰

2015년 4월부터 분양가 자율화가 시행되자, 주택 분양 시장에서는 일대 혼선이 일어났다. 당최 분양 가격을 얼마로 해야 할지 감이 없었던 탓이다. 당시는 주택 시장이 이제 막 장기간의 침체를 벗어나던 터라 수요가 충분히 강하다고 생각할 만한 근거가 많지는 않았다. 주택 공급을 해야 하는 민간 조합과 그들에게 자문하는 건설회사 주택팀이 분양 가격을 산정할 때 괴로움을 많이 느끼던 시점이었다.

개포주공3단지(현 디에이치아너힐즈)가 어수선한 국면에서 총대를 멨다. 갑자기 한국 분양가 역사상 가장 비싼 가격인 3.3㎡당 5,010만 원으로 책정하고 싶다는 것이었다. 3년 전 반포의 아크로리버파크가 분양하던 가격보다 약 1,000만 원이나 비싼 가격이었다. 반포보다 비싼 개포동이 되는 셈이다. 이때 부동산 시장에도 '3포'가 있었는데 반포, 개포, 마포를 가리켰다(영등포 사는 사람들 입장에선 좀 억울할 법한 신조어인데, 당시 영등포는 정비사업이 없다시피 했으니 어쩔 수 없다).

이 사달이 나자, 분양주택의 보증 업무를 총괄하는 주택도시보증공사^{HUG}는 분양가 상한제 폐지 이후에 시장의 자율성이 너무 극대화될 것을 우려하여 부랴부랴 분양 가격 산정의 가이드라인을 준비해 발표했다. 이것이 고분양가 심사 제도로, 현재도 유지되고 있다.

고분양가 심사 제도는 당시 '110% 룰'로 불렸는데, 왜냐하면 같은 구 지역에서 바로 직전에 분양한 주택의 분양가 대비 최대 110%를 넘길 수 없었기 때문이다. 예를 들어 같은 지역 내에 종전 분양가가 3.3㎡당 2,000만 원이라면, 그다음 분양가는 110%인 2,200만 원 이내여야 한다는 뜻이다. 그래서 이 제도의 등장 이후, 주택 분양을 하는 대부분 단지는 종전 분양 가격 대비 1.1배를 분양 가격으로 산정하게 됐다. 개념상 직전 단지가 평당 2,000만 원에 분양했다면, 직후에 분양하는 단지는 2,200만 원, 그다음 단지는 2,400만 원이 되는 식이다.

🔍 정비사업의 발목 잡은
원가 방식 분양가 상한제

문제는 둔촌주공 같은 재건축 단지에서 일어났는데, 이유는 '구'라는 것이 단순한 행정구역일 뿐 생활권역이 아니기 때문이다. 서울 강동구는 서쪽으로 송파구에 인접하고 동쪽으로는 하남시에 접하고 있다. 둔촌주공은 강동구의 서쪽 끝이며 송파구에 인접한 곳에 건설됐는데, 당시 강동구의 신규 분양 아파트들은 동쪽 끝 하남시에 인접한 고덕주공아파트들의 재건축만 있었기에 분양가를 고덕동 일원 주택 분양가로 맞춰야 하는 상황이 발생한 것이다. 이는 거의 원가 이하로 분양하라는 요구나 마찬가지였고, 송파급 입지인 둔촌주공이었으므로 조합원들은 이를 수용할 수 없었다. 그래서 고분양가 심사 제도 때문에 둔촌주공의 분양이 미뤄지기 시작했다.

그렇게 차일피일 시간이 흐르던 차에 2019년 11월, 11·6정책이 발표되면서 분양가 상한제가 재시행됐다. 그리고 약 한 달 후인 2019년 12·16대책에서 분양가 상한제 지역이 확대되고 강동구도 분양가 상한제 적용 지역이 됐다. 이때부터는 고분양가 심사 제도가 아니라 분양가 상한제상에서 새롭게 분양 가격을 결정해야 하는 상황이 된 것이다. 그러나 분양가 상한제 역시 분양 원가제의 다른 이름일 뿐이었고, 일부 비합리적 규정이 존재했다. 따라서 원하는 가격대에 분양하고자 하는 조합의 마음에 들기 어려웠다.

관건은 분양가 상한제가 원가 방식인데, 원가라고 할 토지비나 건축비 등 사업비 반영에서 당연히 들어가야 할 항목이 들어가지 않는다거나 하면서 분양 가격이 의도적으로 낮아질 수 있다는 점이었다. 지자체마다 들쭉날쭉한 기준을 적용하면서 분양가를 결정할 수 있던 시점이라 이에 대한 개선 요구가 컸다. 이 부분 때문에 조합은 다시 분양을 지속해서 미뤘다. 이런 과정에서 조합 집행부가 교체되고 건설사와의 공사도급계약 증액을 두고 오랫동안 갈등을 겪었으며, 2022년 3월 현재에도 아직 분양을 하지 못한 상태다.

최근 언론에서는 둔촌주공의 사례가 정비사업에 존재할 수 있는 분쟁 백과사전이라는 표현까지 등장했는데,* 정비사업이 계획보다 얼마나 어긋날 수 있는지 보여주는 대표적인 사례가 아닐까 싶다.

공급이 더뎌진 사례가 둔촌주공뿐만은 아니다. 분양가 상한제가 확대되던 2019년 시점에 나온 12·16정책은 사실상 정비사업 밀집 지역 전체를 겨냥한 것이었다.

분양가 상한제 적용 지역을 구체적으로 보면 주택 가격이 크게 올라서 분양가 상한제를 시행하는 곳도 있지만, 정비사업 등이 이슈로 부상하는 지역도 다수를 차지한다. 〈표 2-1〉에서 확인할 수 있듯이, 강서구의 방화·공항·마곡·등촌·화곡동, 노원구의 상계·월계·중계·하계동, 동대문구의 이문·휘경·제기·용두·청량리·답십리·회기·전농동, 성북구의 성북·정릉·장위·돈암·길음·동소문동2-3가·보문동1가·안암동3가·동선동4가·삼선동1-2-3가, 은평구의 불광·갈현·수색·신사·증산·대조·역촌 등이 정비사업이 몰려 있는 지역들이다.

---

* 「한국경제」, "절반 지었는데 공사 중단…'재건축 분쟁 백과사전' 된 둔촌주공", 2022. 4. 12, https://www.hankyung.com/realestate/article/2022041213671

표 2-1 **2019년 12·16정책**

구분	집값 상승 선도 지역		정비사업 이슈
	서울 평균 초과 (주택 종합 or 아파트)	수도권 1.5배 초과 (주택 종합 or 아파트)	
지역	강남, 서초, 송파, 강동, 영등포, 마포, 성동, 동작, 양천, 용산, 서대문, 중구, 광진, 과천, 광명, 하남		강서, 노원, 동대문, 성북, 은평

구분			지정
집값 상승 선도 지역	서울		강남, 서초, 송파, 강동, 영등포, 마포, 성동, 동작, 양천, 용산, 중구, 광진, 서대문
	경기	광명(4개 동)	광명, 소하, 철산, 하안
		하남(4개 동)	창우, 신장, 덕풍, 풍산
		과천(5개 동)	별양, 부림, 원문, 주암, 중앙
정비사업 등 이슈 지역	서울	강서(5개 동)	방화, 공항, 마곡, 등촌, 화곡
		노원(4개 동)	상계, 월계, 중계, 하계
		동대문(8개 동)	이문, 휘경, 제기, 용두, 청량리, 답십리, 회기, 전농
		성북(13개 동)	성북, 정릉, 장위, 돈암, 길음, 동소문동2·3가, 보문동1가, 안암동3가, 동선동4가, 삼선동1·2·3가
		은평(7개 동)	불광, 갈현, 수색, 신사, 증산, 대조, 역촌

※ 적용 시기: 12월 17일 자로 지정 및 효력 발생
출처: 12·16정책 보도자료, 2019.12.16

🔍 분양가 규제가 합리화될까?

정비사업 밀집 지역에서 주택 공급이 충분하지 않은 이유가 분양
가 상한제 때문이라고 생각한 윤석열 후보는 그래서 공약에서 분
양가 규제를 합리화하여 운영할 것을 공약으로 발표했다.

분양가 산정은 토지비용과 건축비를 더한 원가 방식인데 이 비
용을 인정하는 방식을 현실화한다는 것으로, 이는 분양 가격을

윤 정부의 부동산 공약 중

▶ **분양가 규제 운영 합리화**
- 토지비용과 건축비, 가산비 산정의 현실화, 이주비, 명도소송비 등 정비사업의
  특성 반영

더 높게 받을 수 있다는 것을 의미한다. 또 이주비나 명도소송 등에 사용되는 비용 등을 분양원가로 반영해 실질적 비용이 분양가에 포함될 수 있게 할 계획이다.

분양가 규제를 완화하면 분양 가격은 분명히 상승할 것이다. 그러나 그 상승의 폭이 시장 가격만큼은 단연코 아닐 것이다. 현재의 분양가 산정 방식은 주택을 공급하는 주체가 큰 이익을 보기 어려운 구조이고, 일부 항목에서는 원가가 분명한데도 반영되지 않는 부분이 있어서 합리적 개선이 필요하니 이를 고치는 수준의 개정안이다.

아울러 분양가 규제가 장기화할 경우, 앞서 기업형 임대주택제도의 변형에서 살펴본 것처럼 분양가 상한제를 회피하기 위한 선임대 후분양 전환 주택의 사업 방식을 도입하면서 결국 분양 전환 가격이 시세만큼 올라갈 가능성도 있다. 따라서 분양가의 비합리적인 부분을 없애는 수준에서 분양가 산정 제도의 운영을 합리화할 필요가 있다. 아마도 윤 정부가 더 급진적이라면 박근혜

정부처럼 분양가 상한제를 아예 자율화할 수도 있을 것이다. 그리고 종국에는 완전 자율화 흐름으로 갈 가능성도 크다.

오늘도 오매불망 둔촌주공의 분양을 기다리는 사람들이 있다. 소비자에게 원하는 상품이 적시에 공급되기를 바란다.

2018년부터 등장한 3기 신도시, 공급으로 전환

2018년 9·13정책까지 정부 정책의 방향성은 무조건 '수요 억제'에 초점이 맞춰져 있었다고 해도 과언이 아니다. 그런 방향성에 가장 큰 변화가 나타난 것은 9·13정책 발표 후 1주일이 지나 9월 21일에 발표된 수도권 주택 공급 확대 방안이었다. 9·13정책 전까지는 공급에 대해서 다소 안일한 입장이었다가, 9·21 수도권 공급 대책부터 공급에 적극적인 태도로 180도 변화한 것이다.

공급으로 선회하게 된 배경이 있어야 하므로, 9·21대책의 주요 내용을 보면 전국 및 서울의 주택 공급이 수요 추정치를 웃돌 것으로 예상되는데도 수도권이 여전히 낮은 수준이라는 언급이 있다. 주택보급률만 보더라도 전국과 서울이 달라 전국이 96.4%,

97.3%, 98.2%로 보급률이 상승하는 동안 서울은 94.4%, 95.1%, 96.3% 등 상승폭이 더디다는 것이다. 또 이때를 기점으로 2022년 이후의 주택 공급이 부족하다는 분석이 나오기 시작했다. 정보부 자료에서도 2022년 이후의 안정적이고 지속적인 공급 물량 확대를 위한 계획이 나왔다.

9·21에서 3기 신도시가 처음 발표됐다. 먼저 신규 택지로 서울과 1기 신도시 사이에 대규모 택지 4~5개소 20만 호를 공급할 계획을 수립했다. 또 도시 규제를 정비해서 주택 공급을 늘리겠다는 계획도 동시에 발표했다. 즉, 구도심과 신도시 둘 다를 아우르는 공급 계획을 수립한 것이다.

🏠 수요 억제에서 공급 확대로

3기 신도시는 이후 계획에서 구체화됐는데, 대규모 택지개발 외에 중·소규모 택지개발도 9·21에서 발표됐다.

- 송파구 가락동의 구 성동구치소 일원: 5만 8,000㎡, 1,300여 호
- 개포동 1266 재건마을: 1만 3,000㎡, 340호
- 광명 하안2: 60만 제곱미터, 5,400호
- 의왕 청계 2구역: 26만 5,000㎡, 2,560호
- 성남 신촌 지역: 6만 8,000㎡, 1,100호

- 시흥 하중 지역: 46만 2,000㎡, 3,500호
- 의정부 우정지구: 51만 8,000㎡, 4,600호
- 인천 검암 역세권: 79만 3,000㎡, 7,800호

이렇게 8개의 중·소규모 택지개발지구 개발 계획이 9·21을 통해 발표됐다.

신혼희망타운 공급 계획도 9·21을 통해서 처음으로 이뤄졌다. 2018년 12월에 위례와 평택 고덕신도시에서 신혼희망타운이라는 이름으로 처음으로 공급이 시작된 것이다. 신혼희망타운은 2022년까지 누적 5만 4,000호의 상당한 물량이 공급될 계획이며, 서울뿐 아니라 경기도의 대부분 신도시에 들어가도록 설계됐다.

시장은 2014년 9·1대책에서 택지개발촉진법이 폐기되고 공급 축소 정책이 시작됐다고 본다. 그리고 2019년 9·21정책에서 다시 공급 계획이 시작됐기 때문에 만 5년 만의 정책 전환이라고 볼 수 있다.

물론 3기 신도시 자체는 신도시 공급 계획을 추진한다는 점 그리고 무엇보다 수요 억제 정책에서 공급 확대 정책으로의 선회를 이끌었다는 점에서 매우 시사점이 큰 정책이었다고 할 것이다. 3기 신도시는 다음과 같이 정리할 수 있다.

- 고양 창릉

- 부천 대장

- 인천 계양

- 하남 교산

- 남양주 왕숙1·2

- 광명 시흥

- 의왕 청계·군포

3기 신도시 공급 정책에도 불구하고, '그린벨트까지 풀면서 주택 공급을 했던 MB'에 비유되는 기사들이 쏟아진 것이 2018년 9월의 분위기였다. 즉, 물량이 그렇게 많지는 않다는 식으로 보도가 된 것이다. 그러나 3기 신도시를 포함한 수도권 공공택지 공급계획은 이후 수도권 127만 호 공급 계획으로 확장됐다. 신도시뿐 아니라 가용한 모든 공공택지를 꺼내서 공급한다는 것이 문재인 정부 후반부의 공급 정책이었다. 공공택지로 84만 5,000호, 민간 정비사업으로 38만 6,000호를 공급한다는 것이 골자였다.

입주장, 이주장을
아십니까?

2019년 초, 잠실에 헬리오시티라는 초대형 단지가 입주하면서 이 일대의 전셋값이 일제히 하락한 적이 있다. 길게 보자면 1993년 1기 신도시가 일제히 입주하면서 전세 및 매매 가격이 하락한 경험도 있다. 이처럼 대규모 주택이 준공되면 물리적 주택 공급이 실제로 일어난다는 의미이고, 자연스럽게 임차 공급도 확대된다. 이처럼 수요 대비 충분히 큰 주택 공급이 일어날 때 주변 지역의 매매 가격 및 임차 가격이 단기적으로 하락할 수 있는데 이를 '입주장'이라고 한다.

🏠 재정비사업과 이주장

입주장의 반대로 '이주장'이라는 게 있다. 이주장은 도심 내 초대형 재정비사업이 확정돼 이주 철거 과정에 진입하면, 이 지역에 거주하는 사람들이 이주하면서 주변의 임차료 시세를 끌어올린다는 것을 의미한다. 예를 들어 2만 5,000세대가 밀집한 지역에서 5,000세대가 재건축을 하게 되면, 5,000세대의 임차 가구 수요가 발생한다. 이 정도 규모는 해당 지역에서 커버할 수가 없어서 물방울이 퍼지듯이 주변으로 퍼지면서 임차료를 상승시킨다.

2010년대에 서초 반포 지역의 재건축이 활성화됐을 때도 이주자들이 주변으로 퍼지면서 가격 상승을 일으켰다. 동작구 흑석동은 옆반포라고 불리고 방배동은 뒷반포라고 불리면서 이들 지역에서 이주장이 시작됐고, 임차료가 상승해 매매가와 전세가의 차이가 줄어 투자 수요가 유입되면서 주택 가격이 상승한 것이 2015~2017년에 발생한 일이었다. 동작구 흑석동 동부센트레빌의 전셋값이 반포 이주와 함께 치솟고, 매매가와 전세가 격차가 좁혀진 것이다.

다른 지역들도 마찬가지인데, 도심 내 대형 주거지가 멸실되면 반드시 이주장이 발생하는 것이 우리나라 임대차 시장의 큰 특징 중 하나다. 둔촌주공아파트가 재건축 때문에 이주를 시작하면서 주변 전·월세 시세를 높여놓은 것처럼 말이다.

그런 의미에서 30만 호에 이르는 1기 신도시가 짧은 기간에 동시에 정비사업을 하면 어떻게 될 것인가를 생각할 필요가 있다. 이들 지역에서 10년 동안 정비사업을 한다고 하더라도 매년 3만 호의 이주 수요가 발생하게 된다. 1기 신도시에서만 생겨나는 이주 수요다. 주택건설에 필요한 시기가 최소 3년이므로, 이런 멸실은 반드시 3년 이상의 멸실 주택 수 증가로 이어진다. 그렇게 약 9만 호의 주택멸실이 3년간 발생하면서 이주장이 3년간 지속된다. 이럴 때 주변에 임차 공급이 충분하지 않다면 임차 불안이 주변의 매매 가격 불안까지 야기할 우려가 있다.

🏠 정비사업의 이주 수요를
어떻게 감당할 것인가

윤석열 정부는 주택 공약으로 1기 신도시 재건축을 본격화하게 된다면 이들 1기 신도시 거주자들만 이주 기간에 입주할 수 있는 별도의 공간을 3기 신도시에 건설하겠다고 밝혔다. 이주장은 수십 년에 걸쳐 있어왔던 현상이기에 이를 대비하는 정책이라고 할 것이다.

이는 향후 발생할 1기 신도시와, 동시에 진행될 수백만 호에 달하는 노후주택의 재건축을 대비하는 것이기도 하다. 예를 들어 1기 신도시는 30만 호지만, 이 시기에 건설된 주택의 총수는 노태

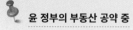

우 정부 기간만 해도 무려 214만 호에 달한다. 따라서 이들 주택이 동시에 재건축·재개발 등 정비사업을 시작하게 될 때, 만 10년 동안 순환정비를 한다고 하더라도 매년 20만 호의 이주 수요를 감당해야 한다. 즉, 3년 동안 누적 60만 호라는 거의 2년 치 주택 순공급에 해당하는 물량을 감당해야 하는 것이다. 참고로 한국에서는 연간 10만 호 이상의 주택멸실이 발생한 적이 없다. 아파트의 경우에도 5만 호를 넘겨본 적이 없다.

아마도 국내 임대차 시장에 가장 큰 이주장 폭풍이 닥칠 시점은 1기 신도시와 연식이 동일한 노태우 정부 당시에 공급한 주택 200만 호의 생애주기가 다 되면서 순환정비사업에 진입하는 시점이 될 것이다. 이 시기를 위해서라도 임차주택의 공급을 충분히 대비할 필요가 있다. 또 이 시기를 어떻게 현명하게 넘기느냐가 앞으로 주택 정책을 담당할 사람들이 가장 고민해야 할 부분일 것이다.

1기 신도시의
재건축 시점이 닥친다면

"새 주택건설과 관련해 그동안 보안을 잘 지켜왔는데 오늘 아침 분

당, 일산이 사전 보도된 것은 어떻게 된 거죠?"

- 노태우 전 대통령＊

1989년 4월 27일, 노태우 전 대통령이 청와대 주택관계장관회의

에서 1기 신도시 계획을 발표했다. 1기 신도시 발표는 당시 치솟

던 전·월세 가격과 매매 가격을 안정화하기 위한 특단의 공급대

＊　　「시사저널e」, [탐사기획 신도시 30년] "일산은 '신도시'가 아니었다", http://newtown.
sisajournal-e.com/skin/page/NewCity02.html

책 중 하나였다. 당초 신도시는 네 군데만 먼저 기획됐다가, 추후 일산이 마지막으로 합류하면서 5개의 신도시로 발표됐다.

🏠 5개의 1기 신도시와
전국적인 신시가지 건설

사람들은 30만 호에 이르는 다섯 군데 신도시만을 1기 신도시로 생각하는 경향이 있다. 노태우 대통령은 취임 1년 차에 200만 호 건설 공약을 자신의 가장 큰 치적으로 삼겠다고 발표했고 실제 200만 호 건설을 이뤄냈는데, 구체적 공급은 다음과 같다.

200만 호 중 90만 호는 수도권에 건설하며, 나머지 110만 호는 지방에 건설한다. 수도권 90만 호 중 서울에만 40만 호가 건설됐는데, 이 건설을 위해서 서울주택도시공사(현 SH공사)가 설립됐고, 비서울 50만 호 중 30만 호가 새로운 5개 신도시 지역으로 분당 9만 5,000호, 일산 6만 9,000호, 중동·평촌·산본은 각 2만 5,000호로 기획했다.

지방의 110만 호는 이른바 '신시가지'라는 이름으로 전국 대부분 도시 지역에 건설됐다. 예를 들어 광주광역시의 광산구가 대대적으로 개발된 것도 이 시기이고(1980년대 말~1990년대 초), 바다 건너 제주시의 신제주라 불리는 노형 일원이 개발된 것도 이 시기다. 부산에서도 해운대구 우동 일원이 이 시기에 개발됐다. 대전에도 신시가지인 둔산지구가 개발됐다(그림 2-1).

그림 2-1 대전 서구 둔산지구 택지개발사업 조감도

출처: 한국토지개발공사, 「대전신시가지(둔산지구) 택지개발사업 기본계획 및 기본설계」 1988.12

즉, 전국에 1980년대 말부터 1990년대 초를 지나면서 신시가지가 건설됐고, 따라서 이렇게 건설된 신시가지는 준공연도가 모두 비슷하다. 당연한 얘기로, 이들 아파트 단지들의 생애주기도 비슷하게 흘러간다. 마치 1970년대에 태어난 아이들이 인구 피크를 찍고 계속 같이 늙어가는 것처럼, 아파트 역시 1990년대에 준공한 1기 신도시 세대에 태어난 아파트들이 한국 주택 역사에서 최초이자 가장 대규모로 건설된 아파트로서 같이 흘러가는 것이다.

🏠 200만 호 건설 신화의 이면

1988년에 취임한 노태우 대통령의 공약으로 200만 호 건설이 시작됐는데, 최초로 완공된 것은 불과 2년 후인 1991년이었다. 이 기간에 전국적으로 역사상 가장 짧은 기간에 가장 많은 주택이 건설된 것이다.

이렇게 단기간에 급격히 건설된 1기 신도시의 미래는 시간이 지나면서 점차 부정적으로 받아들여지기 시작했다. 약 2년 사이에 동시에 건설된 30만 호의 주택을 어떻게 재건축 또는 리모델링을 할 것인가 하는 문제가 컸다. 정비사업을 5년 동안 나눠서 한다고 하더라도 1년에 6만 호 이상 멸실해야 하며, 건설공사 기간에 3년이 소요된다고 생각한다면 3년 합산 18만 호의 멸실이 진행되어야 한다. 1기 신도시 절반이 멸실된다면, 그 주택 수요는 어디로 갈 것인가? 이는 그 3년 동안 전·월세 가격이 그야말로 천정부지로 치솟을 가능성이 크다는 것을 의미하고, 역사상 가장 거대한 이주대란의 원인이 될 것이다.

그 때문에 화려하게 시작한 1기 신도시였으나, 2010년대 들어서부터는 1기 신도시의 노후도를 걱정하는 전문가들이 많아지기 시작했다. 딜레마에 빠진 것이다. 가만히 놔두자니 30만 호의 주택이 동시에 노후화에 진입하면서 결국에는 물리적·사회적 수명을 다해 슬럼화가 될 가능성이 크고, 정비사업을 시작하자니 동시에 몇십만 호에 대한 정비사업을 하게 되면서 이주대란이 발생하여 임차료와 주택 가격의 안정을 해칠 우려가 있어서다. 이러지도 못하고 저러지도 못하는 상황 속에 시간은 계속 가고 있다. 방법이 없을까?

40년씩 어떻게 기다립니까, 30년으로 합시다

주거환경이 양호한 지역의 노후한 주택을 새로 건설하는 것을 주택재건축이라고 한다. 반면, 주거환경이 양호하지 않은 지역의 노후한 주택을 새로 건설하는 것을 주택재개발이라고 한다. 주택 재건축과 주택재개발의 다른 점이라고는 주거환경이 양호하냐 불량하냐를 따지는 것뿐이고, 근본적으로 주택이 노후되어서 새로 건설하는 것은 같다.

2014년 발표한 9·1대책에서는 신도시를 공급하는 모법 중 하나인 택지개발촉진법을 폐지하고 대규모 공급 축소를 천명한 것 이외에, 주택재건축과 주택재개발 활성화 정책도 동시에 내놓았다.

재건축과 재개발은 여러 단계를 밟아서 진행하기에 '절차 사업'으로 불린다. 절차마다 해야 하는 일과 의무가 있고, 그래서 마음대로 할 수 있는 게 아니다. 9·1대책에서는 이 중 주택재건축에 대해서 절차를 보다 쉽게 할 수 있도록 제도적 장치를 마련했다.

🏠 재건축의 자격 기준, 재건축연한

재건축을 할 수 있는 자격에 대한 기준이 있다. 일반적으로 건설된 지 오래된 아파트는 재건축을 시도할 수 있다. 그런데 아무 아파트나 시도할 수 있는 것은 아니고 지은 지가 오래되어야 한다. 이처럼 '몇 년 지나면 재건축할 수 있는가?'를 '재건축연한'이라고 하는데, 재건축연한은 다음의 산식으로 결정된다.

● 재건축연한 = 22년 + (준공연도 - 1982) × 2

예를 들어, "1988년 준공된 목동의 아파트는 언제 재건축이 되나요?"라고 물었을 때 이 산식을 사용하는 것이다. 또는 "1994년 준공된 분당의 아파트는 언제 재건축을 할 수 있나요?"라고 물어도 이 산식이 이용된다.

예를 들어 1988년에 준공된 목동의 아파트를 이 식에 대입할 경우 재건축연한은 다음과 같이 계산된다.

● 재건축연한 = 22년 + (1988 - 1982) × 2 = 22년 + 12년 = 34년

실제 재건축이 가능한 연도는 준공연도에 재건축연한을 더한 것인데, 이렇게 하면 '1988년(준공연도)+34년(재건축연한) = 2022년'이 된다. 즉, 2022년이 되어야 재건축을 추진할 수 있다.

1994년에 준공된 분당 아파트의 재건축연한은 다음과 같다.

● 재건축연한 = 22년 + (1994 - 1982) × 2 = 22년 + 24년 = 46년

즉 '준공연도+재건축연한'인 '1994년+46년 = 2040년'이 된다.

재건축연한은 이처럼 매우 간단히 구할 수 있지만, 그 결괏값 역시 무한으로 증가할 수 있기 때문에 2014년까지는 재건축연한의 상한선을 최대 40년으로 지정하고 있었다. 앞의 사례에서 분당의 경우 46년이 재건축연한 계산값인데, 40년을 넘을 경우 최대 40년으로 한다는 것이었다. 그래서 분당은 '1994년+40년(재건축연한 상한) = 2034년'이 재건축이 가능한 시점이다.

🏠 재건축연한이 10년 단축되면

재건축을 촉진하기 위해서는 재건축 대상 주택의 수를 늘려야 했다. 그렇기에 먼저 정부는 이 연한의 상한선을 40년이 아니라 30

년으로 10년을 단축한다는 내용을 담았다. 늘 그렇듯 디테일의 미학이 여기서도 발휘된 것이다.

기존의 방식이었을 때와 30년으로 단축됐을 때의 상황을 비교해보면 이 전환이 얼마나 파워풀한지가 드러난다. 먼저, 1986년 준공한 아파트부터 계산해보겠다. 재건축연한 산식에 기반해서 계산하면 재건축연한 30년이 나오면서 2016년(1986년+30년)에 재건축이 된다. 그런데 1987년에 준공한 아파트부터는 단축 효과가 나온다. 1987년 준공 아파트는 재건축연한이 32년으로 계산된다. 재건축 가능 시기는 원래는 '1987년+32년 = 2019년'이지만, 재건축연한의 최댓값이 30년이므로 32가 아닌 30년이 더해져서 가능 시점이 2019년에서 2017년(1987년+30년)으로 2년 감소하게 된다.

마찬가지로 1988년 준공된 아파트의 경우에도 재건축연한은 산식상 34년이라서 원래는 '1988년+34년'인 2022년이 재건축 가능 연도였지만, 연한의 최댓값이 30년이므로 '1988년+30년'인 2018년이 재건축 가능한 연도가 된다. 종전의 2022년 대비 4년이나 단축된 셈이다.

같은 방식으로 이런 계산이 반복된다. 1989년 준공은 2025년에서 6년 단축된 2019년, 1990년은 2028년에서 8년 단축된 2020년 그리고 1991년부터는 이후 건설된 모든 아파트가 일제히 10년 단축되어서 1991년 준공 아파트의 재건축 가능 시점은 2021년,

1992년 준공 아파트는 2022년이 되는 방식으로 재건축 도래 시점이 일찍 발생하게 된다. 〈표 2-2〉가 이를 정리한 것이다.

표 2-2 준공연도별 재건축 개시 시점

(단위: 천 호)

준공연도	1986	1987	1988	1989	1990	1991	1992	1993	1994	1995	1996	1997
전국 물량	136	122	186	194	233	346	484	475	500	496	450	478
서울 물량	39	37	86	36	29	58	80	69	63	64	62	74
40년 상한 시 재건축 개시 시점(3년 간격)	2016	2019	2022	2025	2028	2031	2032	2033	2034	2035	2036	2037
30년 상한 시 재건축 개시 시점(1년 간격) * 괄호 안은 기존 대비 단축된 기간	2016 (0년)	2017 (2년)	2018 (4년)	2019 (6년)	2020 (8년)	2021 (10년)	2022 (10년)	2023 (10년)	2024 (10년)	2025 (10년)	2026 (10년)	2027 (10년)

출처: 9·1대책 보도자료, 2014.9.1

이 표를 보면, 종전 재건축제도의 경우 1986~1990년 준공한 아파트의 재건축연한이 3년 간격으로 돌아오는 것을 확인할 수 있다. 1986년은 2016년부터, 1987년은 2019년부터, 1988년은 2022년부터 등 3년 간격으로 재건축이 이뤄진다. 그러나 상한을 30년으로 하면 1987년부터 해마다 재건축이 도래하게 되는 것을 확인할 수 있다. 즉, 규모 면에서 3배나 더 많은 물량을 단기간에 재건축할 수 있도록 전환한 것이다.

연한의 상한을 30년으로 줄인 이 단순한 변화로 인해, 3년 간격으로 돌아오던 재건축이 1년 간격으로 돌아오는 효과가 일어난 것이다. 극단적으로 묘사하자면 재건축 물량이 3배나 늘어나는 효과와도 같다. 이는 3년에 한 번 발생하던 주택멸실을 매년 발생시키는 상당히 급진적인 변화다.

주택이 멸실되면 어떻게 될까? 그 순간 이주 수요가 발생하고, 이주 수요로 인해서 주변 임차료가 상승하게 된다. 이런 일이 매년 발생하도록 세팅된 것이다.

안전진단이 쉬워야
재건축을 하지

1기 신도시 재건축을 향한 마음은 박근혜 정부에서도 진심이었다. 박 정부는 2014년 9·1대책에서 재건축을 추진할 수 있는 준공연한의 상한선을 종전 40년에서 30년으로 단축하면서 재건축 시장에 불을 질렀다.

그런데 재건축을 할 수 있는 단지들은 늘어나더라도, 재건축은 절차 사업이며 절차상 가장 앞서서 받아야 하는 안전진단 인가라는 단계가 병목으로 작용하고 있었다. 재건축 안전진단은 총 네 가지 항목으로 100점의 점수 체제로 되어 있다. 등급은 A~E등급으로 다섯 가지다. 신축이고 주거환경이 좋을수록 높은 점수를 받아서 A등급이 되며, 구축이고 주거환경이 열악할수록

E등급으로 간다. D 또는 E등급을 받아야 재건축을 할 수 있는 구조다. 점수 체제에서 가장 중요한 것은 바로 '구조안전성'이라는 항목이다.

🔍 정권 따라 반복된
안전진단 강화-완화

재건축 안전진단이 병목을 일으키는 이유는 배점제도 때문이었다. 〈표 2-3〉에서처럼, 과거 재건축 주택을 주택 가격 앙등의 진앙으로 판단했던 노무현 정부 시절에 재건축 규제 완화 측면에서 안전진단 중 구조 성능이 차지하는 점수의 비중을 기존 45점에서 50점으로 높여놓은 상태였다. 이후 이명박 정부에서 이를 완화했지만 여전히 40점에 이를 만큼 높은 비중을 차지하고 있던 터였다.

표 2-3 **재건축 안전진단 기준 변화 추이**

(단위: %)

항목	노무현 정부		이명박 정부	박근혜 정부	문재인 정부
	2003	2006	2009	2015	2018
구조안전성	45	50	40	20	50
주거환경	10	10	15	40	15
비용분석	15	10	15	10	10
건축마감 및 설비노후도	30	30	30	30	25

박근혜 정부는 그래서 구조안전성 점수 비중을 20점으로 극단적으로 낮추면서 재건축 안전진단을 쉽게 통과할 수 있도록 완화했다. 동시에 주거환경 점수 비중을 15점에서 40점으로 높였다. 즉, 구조적 쟁점보다는 층간소음이나 주차 등 생활편의적 측면을 더 비중 있게 보도록 한 것이다. 구조적 문제로 재건축을 하는 것을 아파트의 물리적 수명이 다했다고 본다면, 층간소음이나 주차 및 평면 구조의 문제로 재건축을 하는 것은 사회적 수명이 다 되었다고 표현한다.

박근혜 정부의 재건축 안전진단 완화의 결과로 1971년 준공됐고 준공된 지 44년이 경과한 시점의 서울 여의도 시범아파트가 드디어 2015년 재건축 안전진단을 통과했다. 무려 1970년대 초에 건설한 아파트인데 구조 점수가 좋아서 내내 통과하지 못하다가, 2014년 9·1대책에서 구조 점수를 완화해주자 겨우 통과한 것이다. 하물며 1970년대에 준공한 아파트도 이 정도인데, 1990년대에 준공한 1기 신도시 아파트들은 어느 정도겠는가 생각해보면 될 것이다.

안전진단 완화 정책 이후, 재건축 안전진단 통과가 원활히 이뤄지면서 재건축 사업이 활성화됐다. 이것이 구도심 재건축 아파트의 가격 강세로 연결된 것이 2017년 이후부터였다. 재건축 사업을 통해 주택을 지속해서 공급하면 주택 가격이 안정화된다고 생각하는 것이 시장주의자들의 주된 생각이었다. 그렇지만 안타깝게도 재건축이 활성화되는 과정에서는 필연적으로 주택멸실이 발생하고, 이는 부족한 서울시 주택재고량에 기반했을 때 주변 전·월세 가격을 상승시키며 그로 인해 매매 수요가 촉진된다. 또 신축으로 준공될 경우에는 주변과 키 맞추기 효과 등이 연속적으로 발생하면서 재건축 주택 공급을 하면 주택 가격이 안정화된다는 주장은 힘을 잃어갔다. 정비사업이 가장 활성화됐던 2015~2018년의 서울시에서 반대로 이 기간에 주택 가격 급등이 나타난 것이 단적인 예다.

이에 정부는 2018년부터는 다시 재건축 안전진단을 강화하여 구조안전성 점수 비중을 50%로 일거에 상향 조정했다. 이 조치로 인해 구조 점수의 배점이 무려 50점이 됐고, 이때부터는 정말 웬만큼 노후한 단지가 아니고서는 안전진단을 통과할 수 없게 됐다. 재건축 초기 단계부터 안전진단 1차 평가에서 탈락하는 단지들이 속출했다. 안전진단은 1차로 끝나는 것이 아니라 2차 안전진단도 있다. 설령 1차를 통과한다고 해도 2차에서 떨어지는 경우도 비일비재했다. 예를 들어 2022년 목동의 경우 목동신시가지 1단지부터 2, 3, 4, 5, 7, 10, 13, 14단지가 1차 안전진단을 통과했는데, 이들 단지가 안전진단 완화 없이 2차를 통과할지는 미지수다.

🏠 윤 정부에서 다시 완화되는
안전진단 기준

윤석열 정부의 주택 공급 정책 중 재건축·재개발 규제 완화에서 나온 첫 번째 항목도 바로 재건축 정밀안전진단 기준의 조정이다.

윤 정부의 부동산 공약 중

▶ **재건축 정밀안전진단 기준의 합리적 조정**
- 30년 이상 노후 공동주택 정밀안전진단 면제 추진
- 구조안전성 가중치 하향, 설비노후도 및 주거환경 가중치 상향 조정

항목	구조안전성	건축마감 및 설비노후도	주거환경	비용 편익
현행	50%	25%	15%	10%
개선(안)	30%	30%	30%	10%

윤 정부는 현행 구조안전성 점수의 비중을 50%에서 30%로 낮추는 것을 골자로, 주거환경 점수를 15%에서 30%로 높이고, 건축마감 및 설비노후도를 25%에서 30%로 높이는 안을 제안했다. 물론 이는 개선안이고, 실제 정책을 집행하는 과정에서 달라질 수도 있다. 그렇지만 큰 틀에서 봤을 때 물리적 주택 수명의 개념인 구조안전성 점수를 다시 낮추고, 사회적 주택 수명의 개념인

주거환경 점수의 비중을 높임으로써 재건축 초기 단계의 규제를 완화하는 정책이다. 이 부분에서도 또 한 번 박근혜 정부 시절 주택 정책의 향수를 느낄 수 있다.

이런 규제 완화는 기존 구도심 재건축 아파트에도 적용되겠지만, 오히려 진정한 수혜는 1기 신도시가 입게 될 것이다. 1기 신도시는 1980년대가 아니라 1990년대에 준공된 만큼 당시의 발전된 건축 기술과 설계 기술로 구조 점수가 높게 나올 수밖에 없기 때문이다. 즉 준공 30년이 됐다고 한들 구조적인 수명을 다하기가 어렵기 때문에 구조 점수가 높은 체계에서는 안전진단을 통과하기가 낙타가 바늘구멍을 통과하는 것처럼 어려웠던 것이다. 그러나 이 부분에서 이제 숨통이 트이게 됐다.

혹자는 1기 신도시가 짧은 기간에 밀집해서 건설됐기 때문에 부실시공의 역사가 있는 지역이 아닌가 생각하곤 한다. 물론 당시에 건축 관련 부실이 있었던 것은 사실이다. 단기간에 너무나 많은 주택이 공급됐기 때문에 2022년 현재 겪고 있는 인플레이션 대란처럼 자재·장비·인건비가 모두 상승했고 이 과정에서 심지어 자재 부족 현상도 발생했다. 그런데 부실시공으로 인한 효과는 주로 공사 중에 발생하며 콘크리트가 굳지 않았을 때 사고로 이어지는 경우가 일반적이다.* 1기 신도시의 경우는 다르다. 왜냐

---

* 안타깝지만 2021에 발생한 광주광역시의 현대산업개발 시공 단지 사고가 굳지 않은 콘크리트의 문제였다. 굳지 않은 콘크리트 바닥이 있는 상태에서 바닥층 수직하중을 받쳐주는 서포트를 미설치했고, 이것이 주된 원인이었다.

면 현재 시점에서는 1기 신도시 아파트들이 이미 준공 30년 차를 맞이할 정도로 충분히 오랫동안 구조 성능을 발휘하고 있기 때문이다. 통상적으로 콘크리트는 28일 이후의 강도가 이후 평생의 강도와 유사한 수준이다.

기존 대비 확실히 쉬워진 안전진단 제도 덕에 구도심 정비사업이 탄력을 받게 될 것으로 예상된다. 그렇게 다시 재건축이 활성화되고 있다.

사야 할 집 팔아야 할 집

아 근데, 재초환은 좀
빼주시죠

2017년 8·2부동산대책이 발표되면서 재건축 아파트를 대상으로 가장 강력한 규제 중 하나인 재건축 초과이익 환수제(재초환)가 재시행됐다. 재초환이란 말 그대로 재건축 사업을 통해서 초과이익을 얻었다면, 사업의 종료 시점에 그 초과이익의 일정 비율만큼 세금으로 부담하라는 의미다. 초과이익의 계산식은 다음과 같다.

● 초과이익 = 종료 시점의 주택가액 − (개시 시점의 주택가액 +

정상 주택 가격 상승분 + 개발비용)

이때 개시 시점을 언제로 잡는지는 추진위원회 설립 시점으로 잡거나, 최대 종료 시점 대비 10년 이전으로 잡게 되어 있어서 혼선이 없다. 그런데 개시 시점의 주택가액에 대해서는 논란이 있다. 예를 들어 개시 시점인 2013년의 공시가액이 당시 시세 반영률 60% 수준일 수 있고, 종료 시점 주택가액에서의 공시가액이 시세 반영률 90%일 수가 있다. 이 경우 2013년 개시 시점 공시가액이 과소계상되어서 종합적으로 재건축 초과이익이 과대계상될 수 있다. 이런 점을 반영하여 2021년 2월 개정을 통해서 개시 시점의 주택가액 산정 시 당시 준공 시점의 시세 반영률을 적용하도록 했다.

세율은 얼마나 될까? 현행 재초환 법령상 초과이익이 조합원 1인당 3,000만 원을 넘어가는 구간부터 과세 대상이다. 세율 10%에서 시작하며, 총 1억 1,000만 원을 초과하는 구간부터는 최대 세율 50%를 내게 되어 있다. 3,000만 원 이하 구간은 재초환 면제 대상이다.

표 2-4 **조합원 1인당 평균이익별 부과율**

조합원 1인당 평균이익	부과율 및 부담금 산식
3,000만 원 초과 ~ 5,000만 원 이하	3,000만 원 초과 금액의 10% × 조합원 수
5,000만 원 초과 ~ 7,000만 원 이하	(200만 원 + 5,000만 원 초과 금액의 20%) × 조합원 수
7,000만 원 초과 ~ 9,000만 원 이하	(600만 원 + 7,000만 원 초과 금액의 30%) × 조합원 수
9,000만 원 초과 ~ 1억 1,000만 원 이하	(1,200만 원 + 9,000만 원 초과 금액의 40%) × 조합원 수
1억 1,000만 원 초과	(2,000만 원 + 1억 1,000만 원 초과 금액의 50%) × 조합원 수

출처: 재건축 초과이익 환수에 관한 법률 중

🔍 재초환, 어떤 점에서 문제가 되나?

관건은 고가 재건축이라고 할 서울 재건축 단지다. 재초환 적용 대상은 2017년 말까지 관리처분 인가 신청을 하지 못한 단지들이었는데, 당시 서울·경기 소재 주요 아파트들이 절차를 서둘러서 재초환 유예를 받기 위해 진땀을 뺐다. 그런데 문제는 물리적으로 이 기간에 재건축을 추진하지 않던 단지들이었다. 이런 곳은 어쩔 수 없이 재초환에 노출되어서도 재건축을 진행하게 된 것이다. 문제는 이후 주택 가격이 급상승해 재초환 금액이 천정부지로 치솟으면서 불거졌다.

예를 들어 반포현대는 2018년 사업 추진 당시 가구당 부담 예정액을 약 1억 3,569만 원으로 통보받았다. 그런데 이후 주택 시세가 상승해 현재는 가구당 2~3억 원을 웃도는 수준의 재초환 금액을 통보받을 것으로 예상하고 있다.

재초환의 문제점으로 지적된 부분은 다음과 같다.

첫째는 재건축 단지가 준공될 때 납부해야 한다는 점이다. 이는 준공 시점에 주택의 매매 잔금을 처리해야 하는 것과 연결해서 생각했을 때, 상당한 현금 부담을 일으킨다는 점에서 재건축 주택 1채만을 보유한 소유자 입장에서는 난감한 이슈였다.

둘째는 첫째에서 연결되는데, 재건축 주택 1채만을 보유한 소유자들 중에서는 그 주택을 상당 기간 처분할 생각이 없음에도 일단 초과이익에 대한 과세를 부담해야 한다는 점이 꼽혔다. 이러 경우 납부 이연 등 실수요자를 보호할 수 있는 정책이 있는데도 그런 정책들을 쓰지 않았다는 점이 다소 안타깝다.

윤 정부, 재초환 완화 방침

윤석열 정부는 재건축 초과이익 환수제가 다소 과도하다고 보는 입장이며, 초과이익으로 인해서 정비사업의 매매 수요가 낮아질 것을 우려해 이를 완화할 생각이다. 다음이 공약 내용의 일부다.

> **윤 정부의 부동산 공약 중**
>
> ▶ **재건축 초과이익 환수제 완화**
> - 부담금 부과 기준 금액 상향, 부과율 인하, 비용 인정 항목 확대, 1주택 장기 보유자 감면, 부담금 납부 이연 허용 등

재초환 완화의 주요 내용은 부담금 부과 기준인 현재 3,000만 원~1억 1,000만 원의 구간을 넓히는 것, 현재의 세율 10~50%를 낮추는 것이다. 그리고 비용 인정 항목을 확대함으로써 사업비 부분이 더 늘어날 수 있게 하여 재초환 계산식에서 초과이익의 규모를 감소시킬 방침이다. 재초환 자체가 높다고 판단해 조정하

는 것이다.

　1주택 장기 보유자 감면의 경우에는 말 그대로 재건축 아파트 1채만을 보유하고 있는 1주택 실거주 가구에 세제 감면 혜택을 부여한다는 것이고, 부담금 납부 이연을 허용하는 것은 실수요자에 대한 배려다. 이런 배려는 당연히 나올 만한 제도였음에도 다소 늦게 나온 감이 있다.

　어쨌든 윤 정부는 재건축 사업에 진심이다. 재건축 규제를 완화하는 것을 전방위로 검토하고 있고, 그런 의미에서 재건축 사업 최후의 규제라고 할 재초환 역시 완화 기조를 유지하고 있다.

1기 신도시는
특별하게 대접하자

"지지층의 비판이 있는 건 알지만, 용적률, 층수 규제 완화를 통한
재건축·재개발이 필요하다는 게 제 입장입니다."

(**이재명**, 2022년 1월, 간담회 중)

"분당·일산 등 1기 신도시 5곳의 용적률을 상향해 10만 가구 이상
주택을 추가 공급하겠다."

(**윤석열**, 2022년 1월, 공약 중)

2022년 대선 당시 두 거대 정당의 후보 입에서 동시에 나온 것은
다름 아닌 용적률 완화였다. 용적률은 주택 부동산 시장에서 말

하는 주택의 밀도다. 기본적으로 용적률은 낮으면 낮을수록 재건축 사업이 용이하고, 높으면 높을수록 불리하다고 생각해도 좋을 정도로 재건축에서 핵심 지표다.

🏠 재건축에 왜 용적률이 문제가 될까

1980년대까지 주로 건설되던 단지들의 평균 용적률은 120% 전후였는데, 1기 신도시는 용적률이 160%를 넘도록 설계됐으며, 일부 지역에서는 200%를 넘는 용적률로 건설되기도 했다. 당시는 주택 가격의 급등으로 주택 공급의 확대가 시대적 요구 조건이었기 때문에 일반적인 용적률이 아니라 고밀도로 개발하게 된 것이었다. 당시를 기억하는 사람들은 그래서 1기 신도시는 '특례 용적률'로 개발됐다고 말하곤 한다.

이후 국내 도시 계획 수준의 향상과 함께 토지 이용에 대한 법률들이 대대적으로 재정비됐다. 그 과정에서 용도나 용적도 구체화됐는데, 국토의 계획 및 이용에 관한 법률(국계법)이 2000년에 대대적으로 제정되면서 각종 용도에 맞는 지역들이 정의됐다. 예를 들어 도시 지역은 주거지역(제1·2종 전용, 제1·2·3종 일반, 준주거), 상업지역(중심·일반·근린·유통), 공업지역(전용·일반·준), 녹지지역(보전·생산·자연)으로 구분된다. 이들 중 주거지역만 해도 1종 전용, 2종 전용, 1종 일반, 2종 일반, 3종 일반, 준주거 등 6개 지역으로 나뉜다. 국계법상 용적률은 1종 전용은 50~100% 이하, 2종 전용은 50~150% 이하이며, 1종 일반은 100~200% 이하, 2종 일반은 100~250% 이하, 3종 일반은 100~300% 이하이며, 준주거 는 200~500% 이하로 구성된다. 이는 원칙이고, 도시·군 계획의 조례를 통해서 용적률을 세분하여 달리할 수 있도록 별도 규정을 두었다.

일반적인 아파트 단지들은 2·3종 일반 주거지역 용도이기에 통상 250~300%의 용적률 상한선을 적용받는다. 그리고 현재의 정비사업인 재건축·재개발은 이 용적률 제도를 준용한다. 그래서 일반 주거 3종 지역의 경우, 법에서 정한 상한용적률은 300%가 된다. 그러다 보니 이미 200%가 넘는 고밀도로 개발된 지역이 있 는 1기 신도시는 재건축을 하기가 까다로울 수밖에 없다. 2000년 대 이후 건설한 용적률 300%에 근접한 아파트들의 경우에는 용 적률 추가 확보를 통한 재건축이 점점 어려워질 것이다.

전체적으로 1980년대 이전에 건설된 서울, 부산, 대구 등 구도 심 노후 아파트들은 용적률이 150%를 밑도는 지역들이 많아서 용적률 300% 룰 안에서 재건축을 어느 정도 해오고 있다. 문제는 1기 신도시 등 1990년대에 동시 준공된 아파트들은 이것이 불가 능해 보인다는 점이다.

1기 신도시를 위한 특별법 제정 예고

윤 정부의 부동산 공약에는 이들 1기 신도시는 당시 고밀도로 개발됐던 만큼 이번에도 고밀도를 적용할 수 있도록 아예 새로운 법률을 제정해서 재건축을 하겠다는 내용이 담겨 있다. 공약 일부를 보자.

윤 정부의 부동산 공약 중

▶ **'1기 신도시 재정비사업 촉진을 위한 특별법' 제정**
- 인허가 절차 간소화, 안전진단 제도 규제 완화, 재건축 초과이익 환수제도 완화, 금융지원, 토지 용도 변경 및 용적률 상향, 세입자 이주대책 및 재정착 대책 등 포함

▶ **1기 신도시에 양질의 주택 10만 호 공급 기반 구축**
- 토지 용도 변경과 종상향을 통해 용적률을 높이는 등 체계적인 재정비사업을 추진, 장기적으로 10만 호 이상의 주택을 추가 공급

윤 정부 공약에는 1기 신도시 재정비사업 촉진을 위한 특별법(가칭)을 만들어서 인허가 절차를 간소화하고, 안전진단 제도를 완화하며(당연히 구조 점수를 낮출 것이다), 재건축 초과이익 환수제도를 완화하고, 가장 중요하게는 토지의 용도 변경 및 종상향으로 용적률을 높인다는 내용이 포함되어 있다.

이를 통해서 현재 30만 호인 주택에 10만 호에 달하는 양질의 주택을 더 공급하여 40만 호를 공급한다는 계획을 세웠다. 달리 말하면, 1기 신도시는 좀 특별하게 대우해주자는 얘기다.

노원구 상계동에서
1기 신도시의 미래를 보다

　1기 신도시들의 미래는 아마도 서울 노원구가 보여주고 있지 않나 싶다. 노원구는 1988~1989년에 모든 주택이 준공됐을 정도로 상계·중계·하계동의 주택 준공 시점이 사실상 동일하다. 이론상 이들 지역의 아파트 단지들은 일제히 재건축연한이 도래해야 정상이다. 그런데 이들 지역에서 유난히 빠르게 재건축이 진행된 단지가 있다. 어디일까? 바로 상계주공8단지다.

🏠 이른 노후화로 일찍 재건축된 PC 구조 단지

상계주공8단지는 조립식 PC 구조로 아파트를 건설했기 때문에 다른 아파트 대비 노후화가 더 가속화되어서 다른 단지보다 거의 10년 이상 일찍 재건축이 이뤄졌다.

그림 2-3 상계주공7단지

출처: 호갱노노

아파트 공사 현장을 보면, 수시로 레미콘 차량이 들락날락한다. 이처럼 레미콘을 차량에 싣고 와서 현장에서 타설하는 것이 일반적인 공법으로 알려져 있는데, 이와 정반대의 공법이 있다. 바로 PC공법이다.

PC는 프리캐스트 콘크리트Precast concrete의 약자로 '미리 양생한 콘크리트'라는 뜻이다. 콘크리트는 타설을 할 당시에는 액체 혼합물이지만 일정 시간이 지나면 굳으며, 이 과정을 양생이라고 한다. 통상 콘크리트는 현장에서 타설하고 양생하는 것이 일반적인데, 다른 지역에서 타설된 콘크리트를 양생까지 모두 시켜서 마치 제품을 조립하듯이 현장에서 조립하는 공법을 PC공법이라고 한다. PC는 최근 들어 주목받게 된 공법 중 하나이며, 현재 대부분의 아파트 지하주차장 공사에서 활용되고 있다. 심지어 반도체나 디스플레이 FAB 등 거대한 구조물에도 도입되어 활용되는 최첨단 공법 중 하나다.

관건은 PC 부재를 조립할 때 품질관리가 중요하다는 것이다. 예를 들어, 일부 부재를 조립할 때 접합부에 충분한 강성을 확보하지 않는다면 말 그대로 각각의 부재가 따로 놀 수 있고, 심각한 구조적 문제점을 발생시킬 수 있다. 실제 1980년대에도 사용된 PC공법은 현장에서 조립할 때 품질관리 등에 소홀한 경우가 왕왕 있어서, 현장 타설 콘크리트 방식의 일반 아파트보다 문제가 된 단지들이 있었다.

대표적인 것이 상계주공8단지다. 이 단지는 1988년 준공됐는데, 준공 후 겨우 20년이 지난 2000년대 초반에 구조적 문제가 발생해서 안전진단을 통과할 만큼 문제가 됐다.

그런데 주택 시장에서 이 단지가 주목받은 이유는 따로 있었다. 상계주공8단지는 2020년 12월 포레나노원이라는 이름으로 입주를 시작하면서 이 일대 주택 시장에 파란을 불러일으켰다. 노후주택이 재건축돼 입주가 다시 시작됐을 때, 상당한 가격 강세가 나타난다는 점을 실증 사례로 보여줬기 때문이다.

🏠 재건축이 되면
주변 시세에도 큰 영향을 준다

지난 2010년대에 서울에서 주목받은 지역은 신축 아파트가 준공된 지역이었다. 경기도나 부산 등 전국에서도 마찬가지였다. 시장은 늘 역사적으로 신축 아파트가 주도해왔는데, 공교롭게도 준공연도가 동일한 1기 신도시 지역에서는 신축 아파트가 들어선 사례가 매우 드물다. 1990년대 준공 아파트는 안전진단도 통과하지 못했으니 당연한 것이었고, 1980년대 말 준공된 목동·상계 일원에도 신축 준공 단지가 전무했다. 그러니 이들 지역에서 신축 아파트가 준공된다면, 과연 얼마의 시장 가격을 소화할 수 있을지 궁금증이 일 수밖에 없었다. 그러던 중 포레나노원이 1980년대 말 준공된 아파트 밀집 지역에서 최초로 준공된 사례가 된 것이다.

놀라운 사실은 포레나노원의 준공과 함께 상계동 주택 가격이 요동쳤다는 것이다. 예를 들어 상계주공7단지(1988년 준공, 2,634세대) 전용 50㎡(21평형)는 매매 가격이 2020년 1월 5억 3,000만 원이었는데, 포레나노원 입주를 전후한 2020년 말이 지나고 2021년 1월이 되자 6억 5,000만 원으로 크게 상승했다. 상계8단지 바로 옆인 상계동 보람아파트(1988년 준공, 3,315세대)도 2020년 말을 전후로 가격이 요동쳐 전용 55㎡(23평형)가 2020년 1월 4억 원에서 2021년 1월 5억 7,500만 원으로 급상승했다.

물론 이 시기의 가격 상승이 포레나노원 때문만은 아니었음을 이후 확인하게 될 것이다. 다만, 포레나노원이 해당 지역의 신축 아파트 시세가 어디까지 갈 수 있는지를 확인시켜줬다는 점에서 이후 이 지역을 매수하는 사람들에게 일종의 가이드라인을 제시했기에 가격 강세의 원인이 될 이유는 충분하다. 이 단지의 존재는 1988~1990년에 걸쳐 거의 동시에 준공된 상계주공 지역에 시사점을 주었다.

같은 논리로 현재 1기 신도시 지역에는 재건축된 아파트가 없다. 그런데 이들 아파트 중 하나라도 재건축이 된다면, 주변에 상당한 임팩트를 줄 것이다. 현재 시점에서 보더라도 1기 신도시 지역은 주거편의성이 높은 지역인데도 신축 아파트가 부재하여 상품 측면에서의 장점을 제대로 느끼게 한 적이 없기 때문이다. 장기적으로 1기 신도시의 재건축이 본격화된다면, 과거 1990년대에 그랬던 것처럼 주택 시장의 무게추는 신도시에서도 구도심이 아닌 신도시 지역이 다시 주목받게 될 것이다.

1기 신도시의 재건축을
눈여겨보라

1기 신도시 지역은 도시의 공간적 구성이 3단계로 구성되어 있는 것이 일반적이다. 첫 번째는 구도심인데, 구도심이란 1기 신도시가 건설되기 전부터 도시 지역으로 존재했던 지역이다.

예를 들어 고양시 일산동구·서구는 경의선을 중심으로 북쪽 지역과 덕양구 지역이 일산 구도심에 해당한다. 성남시는 분당구가 신도시 지역이며, 수정구·중원구 지역이 구도심 지역이다. 평촌이 있는 안양은 구도심이 만안구 지역이며, 평촌신도시는 동안구 지역에 건설됐다. 군포는 산본신도시가 있는 지역이 신도시 지역이며, 구도심은 나머지 지역들이라고 할 것이다. 부천은 원미구 지역이 중동신도시가 있는 지역이고, 소사구 등이 구도심에 해당한다.

🏠 신도시와 구도심

이처럼 모든 도시가 1990년대에 만들어진 것이 아니라 그 이전 시대부터 존재해왔다. 1990년대에 준공되기 이전에 주요 도심 지역이었던 곳을 편의상 '구도심' 지역이라고 부르겠다.

이처럼 구도심만 있었던 지역에 신도시가 건설된 것이 1990년 대였고 이것이 바로 1기 신도시다. 그런데 '신도시'라는 용어는 이대로 끝이 아니다. 우리나라는 2000년대와 2010년대의 오랜 기간에 걸쳐 2기 신도시 지역을 만들어냈는데, 이들 지역을 부르는 호칭도 '신도시'이기 때문이다.

2010년대에 들어서도 계속해서 도시 지역은 도시개발사업 등을 통해서 발전해왔으며, 이후에 신시가지들이 추가로 개발됐다. 신도시라는 용어가 혼재되는 것을 방지하기 위해서, 또 보다 정확한 개념 전달을 위해서 1기 신도시가 건설된 지역은 '1기 신도시 지역', 이후 2000~2010년대에 건설된 지역은 '2기 신도시 지역'으로 구분해서 명명할 것이다.

그런데 구도심 중에서도 재건축과 재개발을 추진하면서 완전히 새로운 뉴타운을 조성하는 경우가 있다. 서울의 경우 강북 지역이 대표적인데, 예를 들어 마포구의 아현뉴타운, 동작구의 흑

석뉴타운, 영등포구의 신길뉴타운, 동대문구의 전농·답십리뉴타운과 이문·휘경뉴타운, 성북구의 길음뉴타운과 장위뉴타운, 성동구의 왕십리뉴타운, 강북구의 미아뉴타운, 서대문구의 가재울뉴타운과 북아현뉴타운 등이 해당한다. 이들 지역은 한두 단지의 재개발이 이뤄지는 수준이 아니라, 거의 신도시가 건설되는 수준으로 대규모 신축 아파트들이 연달아서 준공된 곳으로 2010년대 서울 구도심 초강세장의 진원지였다.

　이런 지역들이 서울에만 존재하는 건 아니다. 수원에도 2010~2020년대 가장 높은 상승률을 보인 지역은 영통구가 있었던 1990년대에 준공된 신도시가 아니라, 팔달구와 권선구 같은 구도심이었다. 성남시도 1990년대에 준공된 분당구가 아니라 수정구·중원구의 재건축·재개발이 일제히 이뤄지면서 이들 지역이 초강세를 기록하고 시세를 주도했다. 안양시 역시 평촌신도시 지역이 아니라 구도심인 호계동 등을 중심으로 초강세가 나타났는데, 이들 지역에 신축 아파트가 준공됐기 때문이다. 이처럼 구도심의 정비사업을 통해서 신축 대규모 단지를 조성하는 지역을 '구도심' 지역이 정비됐다는 의미로 '구도심 재정비' 구역이라고 부르겠다.

🔍 주택 시장의 헤게모니는 신축에 있다

해방 이후 부동산 70년의 역사를 보면, 한 가지 공통점이 도출된다. 바로 주택 시장은 항상 신축 아파트가 대규모로 준공되는 지역이 해당 시기의 헤게모니를 장악한다는 점이다. 길게 보자면 1970년대부터 1980년대 초까지 영동 대개발을 할 때 강남 일원이 압도적으로 주목받았으며, 이후 1990년대 1기 신도시가 건설된 이후에는 이들 지역이 '버블 세븐'으로 불리면서 초강세를 지속했다. 이후 2000년대 초반에는 강남권 재건축이 시장을 주도했고, 2010년대 들어서는 강북권 구도심 지역의 재정비가 잇따르면서 구도심 재정비 지역이 시장의 주인공이 됐다. 2020년대 들어서는 경기권 구도심 재정비 지역이 초강세를 띠면서 시장의 주인공이 됐다. 즉, 시장의 주인공은 늘 신축이었다.

관건은 성남시, 고양시, 부천시, 안양시, 군포시와 같이 1기 신도시를 보유한 지역의 경우다. 이들 1기 신도시 지역은 2000년대 초를 잠시 제외하고는 신축이었던 적이 없고, 이후 항상 2기 신도시 지역 또는 구도심 재정비 지역에 신축의 주도권을 빼앗겼다. 달리 말하면 이들 지역은 시장에서 주목받아본 적이 거의 없거나, 있어도 매우 짧다. 신축으로 대우받던 시점을 지나면서 나타난 현상이다.

지금까지 설명한 도심의 구조를 개념적으로 나타내면 〈그림

2-2〉와 같다.

그림 2-2 **일반적인 도시의 공간 구조**

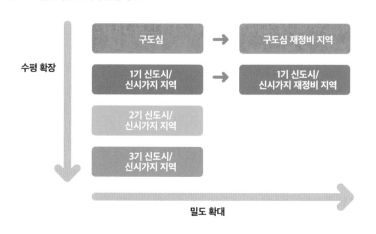

구도심만 존재하다가 1990년대를 전후로 도시가 1기 신도시·신시가지 지역으로 수평적으로 확장되고, 이후 구도심이 재정비되면서 밀도가 확대되는 구조로 가는 것이 보통이다(서울 강북권 뉴타운, 경기도 주요 도시 구도심 재정비). 또는 2기 신도시·신시가지 지역으로 확대될 수도 있다(2기 신도시 지역을 보유한 각 도시권). 이런 지역들이 혼재되어 있는 것이 현재의 도시 구조다.

🏠 앞으로 5년간 가장 주목받을 지역

이들 지역 중 윤석열 정부 5년간 가장 주목받을 지역은 어디일까? 단기적으로는 알기 어렵지만, 중장기적으로는 1기 신도시·신시가지 지역이 될 가능성이 크다. 이 지역이 1기 신도시라면 재건축특별법으로, 일반 지역이라면 리모델링을 통해서 재정비 지역으로 변경될 것으로 기대되기 때문이다.

이런 전망이 다소 이르다고 할 수도 있다. 과거 1기 신도시 지역은 2014년 발표한 9·1부동산대책에서 재건축을 완화해주면서 2015년에 잠시 스포트라이트를 받은 적이 있다. 특히 준공 40년이 지나야 재건축할 수 있는 것을, 준공 30년이 지나도 재건축할 수 있게 되면서 이들 지역이 주목을 받았다. 일종의 모멘텀을 확보한 시기였다.

그런데 재건축 개시 시점이 단축됐지만, 실제로 재건축이 진행된 지역은 없다. 그도 그럴 것이 준공 30년이 되는 시점은 2023년이며, 준공연도를 채웠다고 하더라도 안전진단을 통과해야 하고, 조합이 구성되어야 하며, 재건축 사업의 시장성도 확보해야 하는 등 앞길이 첩첩산중이기 때문이다.

앞서 언급한 둔촌주공의 사례에서도 알 수 있듯이 재건축은 결코 쉬운 절차가 아니다. 오히려 수많은 갈등과 쟁송의 건을 사업 수익 하나로 돌파하는 과정에 가깝다. 사업성이 낮으면 아무리 재건축을 하라고 해도 쉽게 추진되지 않으며, 사업성이 높다면 알아서 진행되는 것이 정비사업이다. 그런 의미에서 사업성을 확보하기 어려운 1기 신도시 지역의 재건축이 추진된다는 것은 당시로서는 소설에 가까웠다. 그래서 잠시 모멘텀을 얻었다가 이내 현실적인 이유로 제자리로 돌아온 것이다. 그러니 현시점에서 1기 신도시 지역 및 신시가지 지역에 대한 막무가내식 호조 전망이 옳다고 할 수 있을까?

객관적 시각에서 1기 신도시 지역은 재건축이나 리모델링 등 정비사업 측면에서는 갈 길이 정말 멀다. 그러나 이들 지역은 지난 10여 년간 가장 덜 오른 지역이면서 반대로 5년 후 이상을 봤을 때는 변화의 가능성이 가장 큰 지역이 될 수 있다. 따라서 장기간 보유할 생각의 실수요자라면 이들 지역에 장기로 투자하는 것이 꽤 괜찮은 전략이다. 적절한 매수 타이밍을 잡으려는 것보다는 언제 매수하더라도 시간을 녹인다면 장기간에 걸쳐 한국의 성장 경로에 부합하는 수준에서 성과를 낼 수 있으리라는 생각으로 매수하자. 그것이 실패하지 않는 부동산 매수 비법 중 하나가 아닐까 싶다.

그런 맥락에서 실수요 세대가 실거주를 고려할 만한 1기 신도시 지역의 주요 아파트, 재건축·리모델링에 용이한 단지들을 〈표 2-5〉에 정리했다. 크게 보자면 세대 수가 많고, 해당 지역에서 용적률이 상대적으로 낮거나 리모델링을 추진하는 등 1기 신도시·신시가지 지역에서 재정비가 일어날 가능성이 큰 단지들이다. 물론 이들 단지가 전부는 아니지만, 이 단지들을 중심으로 해당 신도시 지역을 둘러볼 것을 추천한다. 현장을 둘러보다 보면,

해당 도시에 대한 감이 보다 더 선명해질 것이다.

표 2-5 실거주를 고려할 만한 1기 신도시 지역의 대표 아파트

(단위: 호, %)

위치	아파트명	준공연도	세대 수	용적률
분당신도시	장안타운건영	1993	1,688	162
분당신도시	매화마을공무원2단지	1995	1,185	200
분당신도시	푸른마을신성	1992	630	179
평촌신도시	초원2단지 대림	1993	1,035	216
평촌신도시	샛별마을한양6단지	1992	2,511	167
평촌신도시	목련5단지	1993	683	189
산본신도시	가야주공5단지1차	1993	1,601	129
산본신도시	한라주공4단지1차	1992	1,248	115
중동신도시	금강마을	1994	1,962	184
중동신도시	설악마을주공	1993	1,590	198
화정지구	별빛마을8단지부영	1995	1,232	179
일산신도시	백송마을5단지풍림삼호	1992	786	164
일산신도시	문촌마을9단지주공	1995	912	129
일산신도시	중산마을1단지두산	1995	888	129
일산신도시	문촌마을16단지뉴삼익	1994	956	182

출처: 호갱노노

3장

저도…
신축에 살고 싶어요

농구가
하고 싶어요

현재 40대에게 학창 시절 가장 좋아했던 만화가 뭐냐고 물어본다면, 아마도 「드래곤볼」(토리야마 아키라), 「슬램덩크」(이노우에 다케히코) 등을 꼽을 사람들이 많을 것이다. 40대는 일본 만화 황금기를 경험한 세대이니 말이다. 개인적으로 농구에 가드 포지션 서는 것을 좋아해서 나 역시 「슬램덩크」를 매우 좋아했는데, 학창 시절 그 만화를 읽으면서 정말 감동받아서 울기도 하고 기뻐서 웃기도 하던 기억이 난다. 만화에 나오는 기술들을 실제 농구코트에서 써보는 재미도 있었다.

이 만화는 명대사를 매우 많이 남겼는데, 그중 하나가 바로 "선생님, 저도 농구가 하고 싶어요"일 것이다. 농구에 천재적인 재능을 가진 선수에서 폭력배의 길을 걷던 정대만이, 자신을 가장 잘 가르친 스승인 안 선생을 보자마자 무너지면서 한 말이다.

그림 3-1 정대만의 명대사 컷

출처: 「슬램덩크」

이 컷을 볼 때마다 주택 시장에도 "농구가 하고 싶어요"라는 말을 하는 단지들이 있다는 생각이 들곤 한다. 바로 1990년대에 건설된 용적률 200%를 넘어가는 단지 또는 300%를 넘어가서 고밀도로 건설된 준공 30년 차에 가까운 노후 단지들이다. 이 단지들은 아마도 정부와 시장을 향해서 "저도 신축이 되고 싶어요"라고 하고 있지 않을까 하는 생각을 오랫동안 해왔다.

🏠 1990년대 신시가지 아파트

노태우 정부 시절 가장 주목받은 지역은 다름 아닌 1기 신도시였다. 그러나 실제로 1기 신도시보다 더 많이 건설된 주택들이 있다. 바로 '신시가지'로 불렸던 지역이다. 이 지역의 아파트들을 '1990년대 신시가지 아파트'라고 부르겠다.

1990년대 신시가지 아파트들은 앞서 설명한 대로 1기 신도시가 건설되던 시기에 동시에 건설됐다. 200만 호 공급 정책이 펼쳐지던 해에만 200만 호 중 30만 호의 1기 신도시 물량을 제외한 170만 호가 건설됐으니, 이들이야말로 200만 호 정책의 주인공이었다. 이 중 25만 호가 임대 물량인데, 이를 배제하더라도 145만 호에 이르는 상당한 물량이자 1기 신도시보다 5배나 많은 물량이다. 그러나 완전한 신도시가 아니라 신시가지였기 때문에 사람들의 머리에 각인되지 못한 불운한 지역이다.

문제는 이들 신시가지 아파트 바로 이후에 추가로 건설된 아파트들이 5년 동안 무려 200만 호에 이른다는 것이다. 1991~1995년에 건설된 것이 200만 호이고, 1996~2000년에 건설된 아파트가 또 200만 호다. 그렇게 1990년대에 준공된 고밀도 신시가지 아파트들은 10년간 약 400만 호에 달했다. 1990년대 후반으로 갈수록 용적률도 상승하는데 아파트들의 경우 용적률 250%를 넘어가는 것이 부지기수이고, 심지어 300%를 웃도는 단지들도 있다. 1990년대 말 특례용적률을 적용받으면서 건설된 단지들이다. 관건은 이처럼 초고밀도로 준공된 400만 호의 노후 아파트들이 준공 25년 차를 넘어 약 30년 차에 이르기 시작하면서 재건축 허용 연한인 30년에 도달하고 있다는 점이다.

재건축·재개발을 중심으로 구도심에 주택 공급을 하는 것은 좋다. 그러나 1기 신도시뿐 아니라 1기 신도시 이후 건설된 1990년대 400만 호 수준의 노후 아파트들 역시 오매불망 신축이 되기만을 기다리고 있다. 이 규모는 도저히 한국이 정비사업으로 소화할 수 있는 수준이 아니라는 것은 주택 시장을 조금만 들여다보더라도 알 수 있는 사실이다.

더구나 1990년대 말 건설된 아파트들은 충분히 노후화됐는데도 용적률이 법정 상한선을 건드리는 수준만큼 높기에 자기자본만을 들여서 재건축을 해야 한다. 그러니 더욱 어려운 길을 갈 수밖에 없다. 그렇다고 이 아파트들을 그대로 놔두고 갈 수 있을까? 규모 면에서 한국 아파트 전체 1,100만 호 중 35%를 넘는 400만 호 수준의 물량이므로, 외면하고 지낼 수도 없다. 1기 신도시보다 더 큰 숙제가 이들 1990년대에 준공된 신시가지 아파트들이다. 어떤 솔루션이 있을까?

용적률을 초월하는 리모델링

2022년 1월 〈부동산심부름센터〉라는 유튜브 채널을 개설하고, 부동산으로 고민하는 사람들의 사연을 들어서 해결해보자는 취지로 시작했다. 흥미롭게도 첫 번째 고민을 보내준 사람이 서울 서초구 유원서초아파트(1996년 준공, 590세대)의 리모델링 추진위원이었다. 그는 유원서초아파트가 리모델링을 추진 중인데, 반대를 하는 사람들이 있다면서 그들을 합리적으로 설득할 방안을 마련해주기를 바랐다. 반대하는 사람들의 주된 사유는 재건축을 할 수도 있지 않느냐는 것이었다. 그러나 현실적으로 현재의 법상에서는 재건축을 하기가 다소 어렵다는 것이 추진위의 의견이었고, 그 핵심은 바로 용적률이었다. 용적률이 265%에 달했기 때문이다.

🏠 재건축과 용적률의 관계

용적률은 다음과 같이 계산한다.

● 용적률 = (지상층 전체 바닥면적의 합) ÷ 대지면적

예를 들어 한 층의 면적이 300평인 10층짜리 건물이 있고 대지면적이 1,000평이라고 할 경우, 지상층 전체 바닥면적은 '300평 ×10 = 3,000평'이다. 그리고 이를 대지면적으로 나누면 '3,000÷ 1,000 = 300%'가 된다. 즉 용적률 300%다.

이제 재건축과 연결해서 생각할 수 있도록 임의의 단지를 만들어보겠다. 이 단지는 모두 15평으로 구성돼 있으며, 한 층에 20가구가 있고, 층수는 10층이다. 총 200가구가 거주하는 단지다. 이 단지의 연면적은 계산식에 따라서 다음과 같이 구해진다.

● 15평 × 20가구 × 10층 = 3,000평

이 단지의 대지면적이 2,000평이라고 하자. 그렇다면 용적률 은 '3,000÷2,000×100 = 150%'가 된다.

이 지역을 재건축한다고 하면 용적률은 어떻게 변할까? 이 단지가 일반 주거 3종 지역에서 용적률 300%를 적용받을 수 있다

면, 총 연면적을 대지면적의 3배인 6,000평으로 2배 이상 사용할 수 있게 된다. 예를 들어 종전의 부동산 소유주들이 200가구인데 만약 이들이 1:1 재건축을 선택한다고 한다면, 연면적의 배분은 이렇게 이뤄진다. '6,000평÷200가구 = 30평÷1가구'로, 종전 15평(150%의 용적률) 대비 30평(300%의 용적률)으로 연면적이 2배 증가하게 된다.

또 다른 예를 보자. 동일하게 '15평×20가구×10층 = 3,000평'의 연면적을 갖는 아파트 단지가 있다. 그런데 이 단지의 대지면적은 1,000평이다. 이 경우 용적률은 '3,000÷1,000×100 = 300%'가 된다. 현행 일반 주거 3종의 상한용적률이 300%이므로, 이 단지는 재건축을 하더라도 활용할 수 있는 최대한의 연면적은 '대지면적×3'으로 여전히 3,000평이 된다. 재건축 후의 연면적도 '3,000÷200 = 15평'으로 배분되므로 재건축 전후의 연면적에 변화가 없다.

이상의 두 사례에서 보는 것처럼, 재건축에서 용적률은 그야말로 알파이자 오메가나 마찬가지다. 정비사업들은 일반적으로 소유주들의 면적을 더 확대하고, 그래도 남는 물량을 일반공급으로 돌려서 제3자에게 분양해 분양 수익을 일으킨다. 그런데 앞서 〈부동산심부름센터〉를 찾았던 유원서초아파트의 사례와 같이 현재의 용적률이 265%인 경우, 특히나 서울시에서는 일반 주거 3종의 용적률 상한선이 250%이기 때문에 재건축을 하더라도 기존의 면적 대비 증가할 수가 없는 것이다. 이것은 수학의 영역이다.

그래서 현재 용적률 200%가 넘어가는 1995년 이후 건설된 대부분 아파트는 재건축을 하기가 어렵다. 용적률의 문제에 봉착하기 때문이다. 특히 한국은 1995년부터 1999년 사이에 용적률 300%가 넘는 아파트들을 당시 특례 용적률로 대거 건설했는데, 이들 단지는 재건축을 하게 되면 오히려 용적률을 반납해야 할 정도다. 이런 국면의 돌파구로 2021년부터 새로운 기류가 형성됐다. 1990년대에 준공된 단지들 사이에서 리모델링이 뜨기 시작한 것이다. 리모델링 전성기의 예고편이었다.

🔍 리모델링의 마법

리모델링은 결론적으로 일반 주거 3종의 용적률 상한선인 300%를 돌파할 수 있다. 400%가 넘는 용적률이 될 수도 있다. 왜 그럴까? 현재의 리모델링 사업을 담당하는 주택법에서는 전용면적 85㎡ 이하로 구성된 단지는 종전 용적률의 1.4배를, 전용 85㎡ 초과의 경우는 종전 면적의 1.3배까지 추가 연면적을 허용하기 때문이다. 이 부분이 핵심이니 잘 보자.

앞의 사례에서 '15평×20가구×10층'으로 구성된 연면적 3,000평의 200가구 단지라고 해보자. 대지면적이 1,000평이어서 이 단지의 용적률은 300%였다. 그런데 이 단지는 전용면적 15평으로 구성되어 있으므로, 리모델링 기준에 따르면 종전 면적의 1.4배로 연면적을 확대할 수 있다. 계산하면 '종전 연면적 3,000평×1.4배 = 4,200평'이며, 이를 200가구로 나누면 세대당 21평이 된다. 즉, 종전 15평에서 21평으로 40% 확대할 수 있는 것이다.

혹자는 이를 사기라고 할 수도 있는데, 이미 15년 전에 이런 논란이 있었다. 국계법에 규정된 용적률 상한을 건축법으로 돌파할 수 있는지에 대한 논란이었다. 2009년 당시 상당한 질의들이 있었고, 정부와 서울시 등이 나서서 결과적으로 건축법을 통한 용적률 완화가 가능하다고 정리됐다.

용적률을 늘릴 수 있다는 것은 다른 단점들을 모두 뛰어넘는 수준의 장점이다. 〈부동산심부름센터〉에 찾아온 유원아파트 사례처럼, 현재 250%의 용적률을 갖는 30평형으로 구성된 단지가 있다고 해보자. 이 단지는 재건축을 하면 용적률이 250%이기 때문에 신축이 되더라도 면적이 30평이 된다. 그러나 리모델링을 하면 1.4배로 확대될 수 있으니 '30평×1.4 = 42평'으로 훨씬 넓은 평형대를 선택할 수 있다.

🏠 앞으로 리모델링이 활발해질 것

이상과 같은 장점이 있기에 현재 서울시를 비롯하여 1990년대에 준공한 전국 약 200만 호의 주택 중에서 당장 재건축이 아니라 리모델링을 추진하려는 움직임이 2021년부터 매우 거세게 일어났다.

현재의 리모델링은 그 근거를 '주택법'에 두고 있다. 그런데 윤 정부는 리모델링 역시 촉진할 생각을 하고 있다. 주택법과 분리해서 '리모델링 추진법'을 신규로 제정할 계획이다. 어떤 법을 새로 만든다는 것은 그 사업을 매우 권장하리라는 뜻을 담고 있다. 과거 민간임대주택에 관한 특별법을 제정한 것처럼 말이다.

윤 정부의 부동산 공약 중

▶ **신속한 리모델링 추진을 위한 법적, 제도적 개선**
- 주택법과 별도로 '리모델링 추진법' 제정
- 안전진단 및 안전성 평가 절차 개선 위해 안전성 검토 과정에 국토부 산하기관 뿐 아니라 민간참여도 확대
- 리모델링 수직·수평증축 기준 정비

윤 정부에서는 리모델링의 안전성 평가 절차를 개선하고, 안전성 검토 과정에서 민간 참여를 확대하고자 한다. 또 리모델링의 수직·수평증축 기준도 새롭게 정비해서 전체적으로는 리모델링 사업의 활성화를 목표로 하고 있다.

수직·수평·별동 리모델링의 비밀

2022년, 송파구의 성지아파트가 리모델링 사업의 시행 인가를 받아서 일대 리모델링 업계에 상당한 파문을 불러일으켰다. 서울에서 10년 만에 진행되는 '수직증축형' 리모델링 사업이었기 때문이다.

리모델링의 세 가지 사업 형태

리모델링은 수평증축형, 수직증축형, 별동건축 등 총 세 가지 사업 형태로 구성된다.

첫째는 수평증축형이다. 수평증축형이란 연면적이 늘어나는 효과(1.3~1.4배)를 옆으로 채택하는 것이다. 쉽게 말해 30평형 아파트를 42평으로 만들 수 있는 방식이다. 수평증축 리모델링 방식에서 관건은 평면이 얼마만큼 합리적으로 뽑히느냐다.

예를 들어 종전 20평형 아파트가 2베이 방식인데, 30평형대 아파트가 되면서 3베이 방식으로 변하면 좋겠다고 하자. 리모델링에서는 뒤로 길쭉하게 빠지면서 전면은 2베이가 유지되고, 뒤로 방이 더 붙는 방식으로 직사각형 형태로 길어질 수가 있다. 그러므로 이런 평면 디자인을 잘하는 건설회사가 리모델링 조합으로부터 높은 점수를 받는 것이 일반적이다.

둘째는 수직증축형이다. 수직증축형은 리모델링을 정비사업처럼 만들어주는데, 2013년 리모델링 활성화 방안으로 나온 방식이다. 종전의 리모델링이 수평 방식이어서 세대 수가 증가하지 않았기 때문에 수직 방식을 만들어서 세대 수를 늘릴 수 있도록 했다. 수직증축 시에는 위로 3개 층 증축을 최대한으로 규정하는데, 3개 층이 증축되면서 나오는 가구를 일반분양할 수도 있다. 그래서 수직증축형 방식은 사업비를 절감하는 데 도움이 되는 것으로 알려져서 2013년 도입 당시 상당한 기대를 안겨줬다.

그러나 수직증축형 리모델링은 구조안전성 검토 단계가 길어지고, 구조 성능에 대한 보수적 판단이 가해지면서 안전성 검토를 통과하지 못하는 사례가 다수 나왔다. 그래서 수직증축형 리모델링 제도 시행 이후 이 방식의 리모델링이 10년간 없었다. 그러다가 2022년 송파성지아파트 리모델링에서 최초로 수직증축 리모델링을 도입한 것이다.

셋째는 별동건축 방식이다. 말 그대로 아파트 단지 내 별도 지역에 새로운 동을 건설하는 것이다. 이 방식의 장점은 수직증축처럼 일반분양 물량을 만들어낼 수 있다는 점이고, 그래서 사업성을 높일 수 있다는 것이다.

문제는 종전 아파트의 배치도상에서 새로운 동이 들어갈 곳을 찾기가 쉽지 않다는 점이다. 이미 기존 아파트 동을 배치할 때 당시의 동 간 간격 및 용적률과 건폐율에 맞게 배치를 한 것이다 보니, 신규로 별동을 건설하기가 쉽지 않다. 또, 재건축과 달리 리모델링에서는 소유주가 제자리에 있는데, 별동이 내 동 주변에 건설되는 것을 유난히 반대하는 경향이 있다. 이미 자기 아파트의 배치도를 훤히 꿰고 있어서다. 일반적으로 주택이 완전히 멸실하고 새롭게 아파트를 만드는 과정에서는 배치도를 다 알기가 어려운데, 리모델링은 종전 구조체가 거의 남아 있는 형식이다 보니 동 간 간격부터 향, 층, 조망 등에 대해서 빠꼼이처럼 알 수밖에 없다.

🏠 세 가지 사업 형태를 혼합하는 형식

리모델링은 이상 세 가지 사업 형식을 조합해서 사용할 수도 있는데, 예를 들어 수평+별동건축 또는 수평만 또는 수평+수직까지 다 혼합해서 사용할 수 있다.

현재 리모델링은 수평증축형+별동건축형 방식이 대세로 자리 잡고 있다. 별동이 없는 경우 수평증축형 방식으로 건설하며, 이렇게 건설된 개포동 우성9차 아파트를 리모델링한 더샵트리에 (2021년 준공, 232가구)가 대표적인 예다. 이 가구는 수평증축 방식을 선택하여 종전 22평이 36평으로 늘어나는 방식을 채택했다.

수평증축은 말 그대로 1:1 리모델링이기 때문에 세대 수 증가는 없고, 다만 노후주택이 신축으로 변할 수 있다는 점에서 시사하는 바가 크다.

수직증축 리모델링은
사실상의 정비사업

1990년대 신시가지 아파트들을 통해 도심 내 주택 공급을 하기 위해서 윤석열 정부에서는 리모델링법을 주택법에서 분리해 별도의 절차를 두고자 한다.

리모델링은 현재 정비사업으로 불리지 않는다. 정비사업은 도시 및 주거환경정비법(도정법)에서 말하는 주택재건축·주택재개발 등을 의미하며, 정비사업은 주택을 완전히 멸실하고 새롭게 공급하는 형식을 말한다. 그런데 리모델링은 구조체가 그대로 유지되면서 마감이 달라지는 형식이므로 건축 형식 중 대수선에 가까우며, 종전 건축물을 개량하는 성격을 띤다.

1991~1999년에 건설된 전국 400만 호의 아파트는 이미 용적률

이 꽉 찬 경우가 많아서, 단순히 개량을 하더라도 면적 확대가 되지 않아 주거의 질이 개선되는 효과가 미미할 수 있다. 그래서 리모델링을 통해 1990년대 주택들을 적극적으로 사업화할 수 있도록 촉진코자 하는 것이다.

🏠 제도적 단점이 보완돼야
리모델링이 활발해진다

리모델링 사업이 활성화되기 위해서는 자연스럽게 정비사업의 원칙을 따라야 할 것이다. 즉, 일반분양이 발생해서 그 일반분양의 수익금을 토대로 소유주들이 자신이 거주하는 주택의 면적을 넓히는 방식이다. 그러기 위해서는 수직증축 리모델링이 활성화되어야 하며, 수직증축 리모델링이 확산되는 데 걸림돌로 작용했던 제도적 단점들을 보완할 필요가 있다.

수직증축의 경우 아파트의 지상층은 수직하중을 벽으로 받고, 지하 부분의 수직하중은 파일pile로 지반에 전달하는 것이 일반적이다. 아마도 수직으로만 증축한다면, 현재의 아파트 골조 구조상 안전진단을 통과하지 못할 이유는 거의 없다. 그런데 왜 수직증축이 안전진단에서 막히는 것일까? 이유는 위로 증축하는 경우 위로만 증축하는 것이 아니라 수평으로도 확장하는 것이 일반적인데, 이 수평으로 확장하는 과정에서 지상층의 수직하중을 담당하는 벽체(내력벽)를 해체하고 재시공하는 것을 설계로 반영하기 때문이다. 이를 내력벽 해체 재시공이라고 한다.

구조안전성 검토는 보수적으로 진행되기 때문에 내력벽을 해체하고 재시공하는 비중이 통상 전체 벽체의 20%를 넘어가면 통과하기가 어렵다. 그런데 내력벽을 해체하고 재시공을 해야만 평면이 2베이에서 3베이로 바뀌기도 하는 등 예뻐지기 때문에 조합의 선택을 받고자 하는 건설사는 설계사에게 내력벽 해체 재시공비율을 50% 이상 요구하기도 한다. 그렇게 해서 평면도는 예뻐졌지만 내력벽 해체 재시공 비율이 너무 높아 이 부분의 안전성 검토에서 계속 탈락해왔던 것이 2013~2022년의 실상이다.

아마도 미래에는 내력벽 해체 재시공의 비중을 높여나가는 형태로 구조안전성 검토가 완화되리라고 본다. 현재 리모델링이 성공한 아파트 단지들을 보면 리모델링 전후로 상당한 시세 변화가 나타나고 있음을 알 수 있다. 이런 경제적 인센티브는 사업 추진 비용을 자체적으로 조달하더라도 리모델링을 추진할 만한 요인이 된다.

그간 재건축의 경우에는 일반분양을 통해 타인자본을 활용하는 것이 일반적이었던 만큼, 용적률이 법정 상한선을 건드리면 못 한다고 받아들이는 사람들이 있다. 그러나 리모델링의 확산이 다소 반가운 것은 리모델링에서 일반분양이 없더라도 대규모 건축비를 조합 스스로 조달해서 사업을 하고자 하는 생각을 갖는다

는 것이다. 즉, 남이 도와주지 않더라도 셀프로 정비사업 성격의
리모델링 사업을 한다는 측면에서 보다 더 확대되어야 할 사업
방식이 아닌가 싶다.

리모델링을 추진하는
단지들을 주목하라

1990년대에 준공된 350만 호 이상의 아파트 단지 중에서 어디부터 관심을 가져야 할까? 이들 지역 역시 '구도심', '1기 신도시 지역', '2기 신도시 지역', '구도심 재정비' 지역으로 도시 구조를 구분할 경우 '구도심' 지역에 해당하거나 '1기 신도시' 지역에 해당하는 경우가 일반적이다.

문제는 이들 아파트 역시 주택 시장의 주인공이었던 기간이 짧다는 것이다. 그렇기에 반대로, 지난 2010년대의 급격한 강세장에서 상승률이 가장 낮았던 지역이기도 하다는 특징이 있다. 그런 의미에서 앞으로 리모델링이 활성화되어서 실제 신축으로 준공된다면 가장 주목해야 할 아파트 단지들이라고 할 수 있다.

서울시에서는 개포우성9단지의 준공이 일종의 리모델링에서는 기념비적 사례라고 할 것이다. 개포더샵트리에로 2021년 12월에 준공된 이 단지는 현재 실거래가가 없다. 전세 실거래는 존재하나 매매 실거래가 없어서 시장 가격을 명확히 얘기할 수는 없지만, 해당 지역 아파트들은 42평형대를 기준으로 약 30~32억 원 수준에 매물대가 형성되어 있다. 거래가 실제 이뤄지는 것이 무엇보다 중요하지만, 해당 지역에서 이만한 면적의 대형 아파트 시세와 크게 차이 나지 않는 수준에서 거래가 될 것으로 예측한다. 아마도 리모델링이 없었다면 사실상 달성 불가능한 가격이었을 것이다.

리모델링 역시 정비사업과 같이 구도심에 신축 아파트를 준공할 수 있게 하며, 리모델링 단지가 밀집한 지역 또는 해당 지역에서 리모델링을 최초로 수행하는 지역에 적극적으로 관심을 가질 필요가 있다. 리모델링을 하는 경우는 재건축을 하는 경우보다 주거환경이 양호한 게 일반적이다. 그러니 리모델링 대상 아파트에 실거주를 하다가, 이후 리모델링 과정에서만 잠시 이주를 한 후에 다시 입주해도 무방할 것이다. 재건축은 주거환경이 상당히 열악해질 수가 있어서 소유주가 직접 거주하기보다는 임차를 두는 경우가 많지만, 리모델링은 건축물의 연식 등에서 앞서 있어서 자가 거주가 가능하다는 장점이 있다.

물론 리모델링 사업에서도 일반분양이 많이 나올 만한 사업일

수록 수익성이 개선되므로 분담금이 적어지는 효과가 있다. 따라서 이런 단지를 알아보는 것이 중요하다. 단순히 리모델링을 추진한다는 사실 외에도 수직 방식인지, 수평-수직 혼합인지, 수평-별동 혼합인지, 수평 방식인지 등 리모델링 사업 방식을 살펴보고 수익성 및 추진 가시성을 동시에 검토해보기를 바란다.

🏠 어떤 지역에서
리모델링을 추진하고 있을까?

리모델링은 해당 사업을 시·군·구에서 먼저 지정하는 톱다운top-down 방식이 아니라, 해당 단지의 소유주들이 먼저 리모델링 추진위원회를 만들고 동의율 66.7%를 향해 동의서를 모집하기 시작하면서 진행된다. 과정 자체가 보텀업bottom-up 방식이기 때문에 리모델링에 관해 정확한 통계를 내는 것은 불가능하다.

리모델링에서 별동-수직 등 추가 세대를 공급해야만 수익성이 개선되는 것은 당연한 일이다. 이런 수익성 검토, 나아가 사업성 검토를 전문적으로 해온 국내 기관이 있는데, 바로 노후 공동주택 리모델링 연구단 CART Center for Aged-housing Remodeling Technology다. CART는 2013년 수직증축 리모델링 방식 활성화와 함께 2015년에 국토교통부 R&D 과제를 수행하기 위해 만들어진 연구단체이며, 현재 경기도 각 지자체의 의뢰를 받아서 주요 아파트 단지의 리모델링 사업성을 검토하고 보고하는 일을 하고 있다. 2022년부터는 민간 시장으로도 사업을 확대할 계획이다. 국내 리모델링 사업성 검토에서는 연구 이력이 가장 탄탄할뿐더러 수익성 검토에서 자체 개발한 독자 모델을 활용하는 등 기술 개발과 법안 연구·공공컨설팅 등의 업무를 수행하고 있으니, 리모델링을 추진하는 위원회 등의 단체에서 활동한다면 연락 및 자문을 받아볼 것을 추천드린다.

2021년 말 기준, CART를 통해 확인한 바로는 총 85개 단지 5만여 호의 리모델링 사업이 본격적으로 궤도에 올랐다고 할 만한 수준이었다. 〈표 3-1〉이 그 목록이다.

표 3-1 **리모델링을 추진하는 전국 주요 단지**

(단위: 호)

연번	유형	시도	단지명	준공연도	세대 수	
					기존	리모델링 후
1	수평	서울	개포 우성9차 아파트	1991	232	232
2	수평	서울	오금 아남	1992	299	328
3	수평+별동	서울	이촌 현대아파트	1974	653	750
4	수평	서울	청담 건영	1994	240	240
5	수평+별동	서울	둔촌 현대1차	1984	498	572
6	수평+별동	서울	둔촌 2차현대	1988	196	220
7	수평+별동	서울	둔촌 3차현대	1988	160	176
8	수평+별동	서울	신답 극동	1987	225	254
9	수평+별동	서울	광장 상록타워	1997	200	229
10	수평+별동	서울	자양 우성1차	1988	656	754
11	수직	서울	개포 대청	1992	822	902
12	수직	서울	개포 대치2단지	1992	1,753	1,988

연번	유형	시도	단지명	준공연도	세대 수	
					기존	리모델링 후
13	수직	서울	대치 현대1차	1990	120	138
14	수직	서울	잠원 한신로얄	1992	208	237
15	수직	서울	잠원 훼미리	1992	288	331
16	수직	서울	잠원 롯데캐슬갤럭시1차	2002	256	294
17	수직	서울	송파 삼전현대	1989	120	138
18	수직	서울	송파 성지	1992	298	342
19	수직	서울	옥수 극동	1986	900	1035
20	수직	서울	목동 우성2차	1997	1,140	1,311
21	수평+별동	서울	신정 쌍용	1992	270	310
22	수직	서울	마포 밤섬현대	1999	219	248
23	수직	서울	등촌 부영	1984	712	818
24	수직	서울	둔촌 프라자	1984	354	407
25	별동	서울	신도림 우성5차	1994	154	177
26		서울	남산타운	2002	3,116	3,582
27	수평+별동	서울	문정 시영	1989	1,316	1,512
28	수평	서울	문정 건영	1993	545	626
29	수직+수평+별동	서울	길동 우성2차	1994	811	932
30	별동	서울	신도림 우성1차	1992	169	188
31	별동	서울	신도림 우성2차	1996	239	265
32	수직	서울	신도림 우성3차	1993	284	
33		서울	잠원 미주파스텔	2002	91	
34	수직	서울	송파 가락쌍용1차	1997	2,054	2,373
35		서울	금호 벽산	2001	1,707	1,963
36		서울	마포 서강GS	1999	538	618
37		서울	고덕 아남	1996	807	928
38		서울	잠원 동아	2002	1,139	
39		서울	응봉 신동아	1996	434	499
40		서울	대치 현대	1999	630	711
41	수평+별동	서울	강변 현대		104	
42		서울	선사 현대	2000	2,938	
43	수평+별동	성남	분당 느티마을3단지	1994	770	877

연번	유형	시도	단지명	준공연도	세대 수	
					기존	리모델링 후
44	수평+별동	성남	분당 느티마을4단지	1994	1,006	1,154
45		성남	분당 매화마을1단지	1995	562	646
46	수평+별동	성남	분당 무지개4단지	1995	562	647
47	수평+별동	성남	분당 한솔마을5단지	1994	1,156	1,271
48	수평+별동	성남	분당 매화마을2단지	1995	1,185	1,306
49		성남	분당 경남, 선경 연립	1995	200	
50		성남	분당 정든마을한진7단지	1994	382	
51	수평+별동	수원	영통 신성신안쌍용진흥	1997	1,616	1,854
52	수평+별동	수원	영통 삼성태영	1997	832	956
53		수원	광교 상현마을현대	2001	498	
54		수원	영통 신나무실5단지주공	1997	1,504	
55		수원	권선 삼천리2차	1996	546	
56	수평+별동	수원	매탄 동남	1989	892	1002
57		수원	영통 신명동보	1997	836	
58		수원	영통 황골벽산풍림	1997	928	
59		수원	영통 청명마을주공4단지	1997	946	
60		수원	영통 벽적골두산우성한신	1997	1,842	
61		수원	영통 벽적골주공8단지	1997	1,548	
62	수평+별동	안양	평촌 목련2차	1992	994	1,113
63	수평+별동	안양	평촌 목련3차	1993	902	1,037
64		안양	안양 초원부영	1992	1,743	
65	수평+별동	용인	수지 초입마을 (삼익, 풍림, 동아)	1994	1,620	1,863
66	수평+별동	용인	수지 보원	1994	619	711
67	수평+별동	용인	수지 신정마을8단지 현대성우	1999	1,239	1,424
68	수평+별동	용인	수지 신정마을9단지 주공	2000	812	933
69	수평+별동	용인	수지 동부	1995	612	703
70		용인	수지 한국	1995	416	478
71		용인	수지 현대	1994	1,168	
72	수평+별동	용인	수지 성복역리버파크	1998	702	807

연번	유형	시도	단지명	준공연도	세대 수	
					기존	리모델링 후
73		용인	수지 도담마을7단지뜨리에 체	1999	430	494
74		용인	용인 동성1차	1997	684	
75		의왕	의왕 목련풍림	1994	354	
76		부천	부천 삼익세라믹	1989	781	
77		고양	고양 문촌마을16단지	1994	956	
78	수평+별동	광명	광명 철산한신	1992	1,568	1,800
79	수평+별동	군포	산본 우륵주공7단지	1994	1,312	1,508
80		군포	산본 율곡주공3단지	1994	2,042	2,348
81		군포	산본 개나리주공13단지	1995	1,778	2,044
82		군포	군포 충무주공2단지	1993	476	
83		김포	김포 북변산호	1995	909	
84		대구	범어 우방청솔맨션	1994	194	
85		부산	부산 센텀센시빌	2003	800	

출처: CART

4장

청약을 고쳐야
영끌이 줄어들죠

청약 로또의
시대

2019년 봄, 하나은행의 모 PB가 부동산 관련해서 상담할 게 있다며 찾아왔다. 자초지종을 들어보니, 원래 개포동의 한 재건축 아파트를 보유했다가 2016년 말에 매각했다고 한다. 매각 이후 부동산을 잊고 살다가 어느 날 자신을 찾아온 은행 고객과 상담하던 중, 그 고객이 개포동의 아파트를 소유하고 있다는 사실을 알게 됐다. 자기가 판 단지를 소유한 고객이었던 것이다. 문제는 2017~2018년에 개포동의 아파트 가격이 그야말로 강남구 전체를 통틀어서 최고 수준의 상승세를 보였고, PB는 자기가 판 가격보다 10억 원 가까이 올랐다는 걸 알게 됐다는 것이다. 그 말을 고객으로부터 들었을 때 그야말로 '현타(현실 자각 타임)'가 찾아왔다고 한다.

이후 그 PB는 청약에 올인했다. 높아진 가격에 기존 아파트를 매수하긴 어렵지만, 청약은 낮은 가격에 사는 것이므로 청약에 당첨되는 것만이 2016년의 그 잘못된 판단을 되돌릴 길이라고 느꼈던 것 같다.

상담을 끝내고 돌아가는 PB를 보면서 나 역시 만감이 교차했다. 차라리 안 갖고 있었다면 덜 억울했을 것을, 매도 후 가격이 치솟는 걸 보면서 얼마나 후회했을까 싶었다. 그분이 무언가에 절반쯤 홀려 있는 듯한 모습이어서 오래도록 뇌리에 남아 있는 듯하다.

🏠🔍 50대 사이에 확산된 청약 열풍

2019년에는 청약 열기가 이미 곳곳에서 과열 신호를 보내고 있었다. 열기를 넘어 광풍에 가까웠던 것 같다. 2018년 초부터 시작된 임대사업자 등록 열풍의 영향으로 소형 주택의 가격이 너무나 오른 상태였으므로 기존 주택을 매수하는 것보다는 청약이 무조건 유리한 게임이라는 생각이 보편화됐다.

건설사들이 분양가를 시세대로 높일 수도 없었다. 왜냐하면 선분양을 위해서는 주택도시보증공사에서 분양보증을 받아야 하는데, 분양보증을 받으려면 가이드라인을 지켜야 하고, 이 가이드라인대로라면 시세보다 상당히 낮은 가격에 분양할 수밖에 없었기 때문이다. 이런 이유로 언론은 일반분양에 당첨된다면 적어도 수억 원의 시세차익을 얻을 수 있을 것처럼 앞다투어 보도했고, 청약은 로또라는 소문이 크게 돌았다.

그해 여름이 지나면서 청약 열풍은 50대 이상의 사람들에게 완전히 퍼져나가기 시작했다. 그 이유는 청약이 가점제로서 높은 점수를 가진 사람이 유리하도록 완전히 개편됐기 때문이다.

현 청약제도는 무주택 기간, 부양가족 수, 청약통장 가입 연한 등 세 가지를 합쳐 총 84점의 만점 제도를 운영하고 있다. 무주택 기간이 길고, 가입 연한도 긴 사람이 고점을 받을 수 있는 구조다(표 4-1).

먼저 무주택 기간을 보자면 만 30세 이하는 0점이고, 무주택 15년 연속인 경우가 최대 32점이다. 1년 미만 무주택은 2점에서 시작하고, 1~2년이 4점, 2~3년이 6점 등 2점 단위로 올라가서 최대 15년 이상이면 32점을 받는다. 청약통장 가입 기간은 최대 연속 15년인 경우가 17점이다. 그다음이 부양가족 수인데, 나 홀로 가구는 5점, 1명의 부양가족이 있다면 10점, 2명을 부양한다면 15점, 3명을 부양한다면 20점이다. 흔히 4인가구의 만점이 69점이라고 말하는데, 이는 무주택 기간 32점, 청약통장 가입 17점에 3인을 부양하는 경우의 20점을 합친 점수다.

무주택 기간과 청약 가입 기간이 15년이 넘는 경우는 49점이

표 4-1 청약가점제 산정기준표('주택공급에 관한 규칙' 별표 1의 2 나목)

가점항목	가점상한	가점구분	점수	가점구분	점수
① 무주택 기간	32	만 30세 미만 미혼자 또는 유주택자	0	8년 이상 ~ 9년 미만	18
		1년 미만	2	9년 이상 ~ 10년 미만	20
		1년 이상 ~ 2년 미만	4	10년 이상 ~ 11년 미만	22
		2년 이상 ~ 3년 미만	6	11년 이상 ~ 12년 미만	24
		3년 이상 ~ 4년 미만	8	12년 이상 ~ 13년 미만	26
		4년 이상 ~ 5년 미만	10	13년 이상 ~ 14년 미만	28
		5년 이상 ~ 6년 미만	12	14년 이상 ~ 15년 미만	30
		6년 이상 ~ 7년 미만	14	15년 이상	32
		7년 이상 ~ 8년 미만	16	-	
② 부양가족 수	35	0명	5	4명	25
		1명	10	5명	30
		2명	15	6명 이상	35
		3명	20		
③ 입주자저축 가입기간	17	6개월 미만	1	8년 이상 ~ 9년 미만	10
		6개월 이상 ~ 1년 미만	2	9년 이상 ~ 10년 미만	11
		1년 이상 ~ 2년 미만	3	10년 이상 ~ 11년 미만	12
		2년 이상 ~ 3년 미만	4	11년 이상 ~ 12년 미만	13
		3년 이상 ~ 4년 미만	5	12년 이상 ~ 13년 미만	14
		4년 이상 ~ 5년 미만	6	13년 이상 ~ 14년 미만	15
		5년 이상 ~ 6년 미만	7	14년 이상 ~ 15년 미만	16
		6년 이상 ~ 7년 미만	8	15년 이상	17
		7년 이상 ~ 8년 미만	9	-	
본인 청약가점 점수 = ①+②+③					

※ 제28조제6항에 따라 입주자모집공고일 현재 1호 또는 1세대의 주택을 소유한 세대에 속한 자와 과거 2년 이내에 가점제를 적용받아 다른 주택의 당첨자가 된 자의 세대에 속한 자는 제1순위에서 가점제의 적용 대상자에서 제외되며, 추첨제의 적용 대상자에 포함된다.

며, 이후에는 부양가족 수에 따라 만점이 정해진다. 1인가구 만점 54점에서 시작해 2인가구 59점, 3인가구 64점, 4인가구 69점, 5인

가구 74점, 6인가구 79점, 7인가구가 84점 만점이다.

여기서 알 수 있듯이, 청약제도에서 가점제는 부양가족 수가 많고 무주택 기간이 긴 사람들에게 당첨의 기회가 많아지도록 유도했다는 특징이 있다. 이런 변화가 5060세대를 청약 시장의 주인공들로 만들었다.

🏠 청약가점제 확대의 반작용

2019년의 여름 어느 날, 모 금융회사의 부사장급 임원을 만난 자리에서도 그랬다. 그는 자기의 청약점수가 70점이 넘는다면서 어느 아파트에 청약하면 좋겠느냐고 물었다. 본인은 구반포 1·2·4지구, 청담동의 상아2차 아파트, 또 반포의 경남-한신3차 아파트를 보고 있다고 했다. 모두 이름만 대면 알 정도에, 한국 최고가 주거 밀집 지역인 서초-강남권 아파트들이었다.

나는 그를 오랫동안 알고 지냈고, 그의 배우자가 전원주택을 좋아하고 아파트를 싫어하니 원래는 강북권이나 경기권의 전원주택에서 거주할 생각이었음을 알고 있었다. 그 얘길 했더니 배우자도 이제는 아파트 단지 생활에 적응돼 나가서 살 생각이 없어졌다고 했다. 자산도 있고, 부양가족 수도 많아서, 중도금 대출 걱정 없이 청약을 할 수 있는 소수의 사람이 돌아보니 주변에 참 많다는 걸 느낄 수 있었던 2019년 여름이었다.

이런 자리는 그때가 처음이 아니었다. 5060으로 대표되는 우리나라의 50대들은 저마다 청약통장을 하나씩은 보유하고 있었다. 청약예금이나 부금 등 과거 상품들을 아직까지 보유하고 있는 사람들도 있다. 잠자고 있던 통장들이, 2019년 '청약 로또'라는 인식이 퍼지기 시작하면서 먼지를 툴툴 털며 장롱 밖으로 나온 것이다. 69점을 넘는, 이른바 70점대 통장의 등장이다. 그런데 반대로, 3040으로 대표되는 세대는 많아야 4인이고 69점이 만점이며, 보통은 30~40점 정도도 넘기 어려웠다.

문재인 정부에서 8·2대책이나 9·13대책 등을 발표하면서 같이 손본 것이 주택 시장을 실수요 중심으로 재편하기 위해서 청약의 가점제를 확대한 것이었다. 그런데 청약 시장에서 가점제의 비중이 높아지면 높아질수록, 5060들의 주택 구입이 쉬워지는 현상이 일어났다. 그것이 새로운 사이클의 시작을 알리는 종소리였다.

청약의 기초 1:
청약통장, 국민주택·민영주택

주택 마련에서 가장 선호되는 방식 중 하나가 청약이다. 청약이란 분양되는 주택을 매입하겠다고 신청하는 것을 말하는데, 1977년 8월 18일 '국민주택 우선 공급에 관한 규칙'이 신설되면서 처음 등장했다. 최초 청약제도는 국민주택기금과 같은 공공 자금으로 건설되는 공공주택을 중심으로 적용되다가 곧바로 민영주택에도 청약제도를 적용하게 되면서 현재의 청약제도에 이르렀다.

🏠 최초의 아파트 청약제도

아파트 청약제도는 투기가 횡행하던 1977년 공공 부문 분양 아파트에서 등장했다. 당시 정부는 청약저축이라는 형태로 민간 자본을 끌어들여서 이를 주택건설 자금으로 활용할 계획이었다. 많은 주택건설 자금을 조달하기 위해서는 더욱더 많은 사람을 끌어들여야 했으므로 주택청약제도의 초창기에 등장한 방식은 '추첨제'였다. 즉, 일정 자격만 확보하면 누구나 당첨될 수 있게 한 것이다.

청약통장 순위는 지금도 지역마다 다르지만, 2년 이상 가입하거나 24회 이상 납입하면 자격을 받을 수 있다. 이처럼 손쉽게 주택청약을 할 수 있도록 제도화했기 때문에 주택청약은 어른이 되면 누구나 가입해야 하는 제도로 인식되어왔다.

청약통장 가입자 수는 우리나라 전 인구의 절반이 넘는다. 이 중 1순위만 청약 가입자의 55%로 1,300만 명 수준인데, 이대로라면 신규 가입을 중단하고 매년 50만 호를 분양한다고 하더라도 모두가 당첨되는 데 무려 26년이 걸린다는 의미가 된다. 그만큼 청약은 광범위한 주택 공급의 수단으로 받아들여지고 있다. 그러나 반대로, 이렇게 가입자가 많다는 점에서도 알 수 있듯이 청약에 당첨된다는 게 사실상 불가능할 것으로 여겨지기도 한다.

초창기의 청약제도는 공공주택의 투기 수요를 억제하는 것을 목표로 만들어졌기 때문에 지금의 모습과 많이 달랐다. 1977년까지 아파트 분양은 공공 자금으로 짓는 아파트이고 여기에 선착순이나 번호표 추첨 등의 방법을 주로 이용했다. 선착순이니 사람들이 몰려갔고, 번호를 조작하는 사건까지 발생했다고 한다. 특히 1970년대 말에는 '복부인'이라는 말까지 등장했다. 이들은 노숙자 등의 명의까지 빌려가면서 공공·민영 가리지 않고 여러 채의 주택을 사들여 투기를 했다.

1977년 3월 15일 여의도 목화아파트 분양 시에는 모델하우스 옆에서 공개추첨을 했는데, 신청자 4,000여 명이 몰렸다. 그중 어떤 사람이 "10가구를 신청했는데 하나도 안 됐다"라며 아쉬워하자, 옆에 있던 사람이 "현금 2억 원을 동원해서 100가구를 신청했다"라고 했다는 얘기도 전해진다. 당시 제조업 근로자 86.8%가 5만 원 이하의 월급을 받았고 쇠고기 1근이 1,700원이었다고 하니, 2억 원을 동원한 것은 현재 기준으로는 200억을 동원한 것과 같다.

🏠 청약통장 어떻게 활용할까?

이런 청약제도는 시행착오 등을 거치면서 점점 변화했다. 그 오래된 청약제도 변화의 역사를 다 설명하기는 쉽지 않을 것 같다. 다만 주택청약의 대상을 국민주택과 민영주택으로 나눈다는 점, 청약의 당첨 자격에서 1순위·2순위 등 순위를 정한다는 점, 당첨 방식에서 가점제와 추첨제 등을 사용한다는 점 등은 초창기와 마찬가지로 지금도 큰 원리로 유지되고 있다.

그리고 국민주택이 아닌 청약주택은 모두 민영주택이 된다. 뒤에서 살펴보겠지만 국민주택은 '주택청약종합저축'과 '청약저축' 등 두 종류의 통장을 사용해서 청약하며, 민영주택은 '주택청약종합저축'과 '청약예금', '청약부금' 등 세 종류의 통장을 사용해서 청약한다.

청약통장은 어떻게 구분할까? 가장 대중적인 주택청약종합저축(종합저축)과 현재는 가입이 불가능한 청약저축, 청약예금, 청약부금 등이 있다. 과거에는 주택의 면적에 따라서 청약저축·예금·부금을 별도로 가입하는 수고로움이 있었지만 현재는 종합저축 하나면 모든 주택군에 청약할 수 있다. 또한 기존에 가입해놓은 청약저축이나 예금, 부금을 현재도 여전히 사용할 수 있으며, 현재의 종합저축으로 변경할 수도 있다. 그렇기에 종전에 가입해둔 청약통장이 무엇인지를 알아두어야 할 것이다.

국민주택과 민영주택을 구분하는 것은 청약을 하기 위함이니, 실제로 국민주택과 민영주택을 어디서 청약할 수 있는지도 알아봐야 한다. 국민주택인지 민영주택인지 혼동하는 사람도 많은데, 한 가지 예를 들어보겠다. 위례신도시는 LH 주도로 공공택지 방식으로 개발된 2기 신도시다. 위례신도시에는 국민주택과 민영주택이 모두 있으니 하나씩 살펴보자.

먼저 위례신도시의 A1-5블록과 A1-12블록에 공급된 아파트를 보자. 위례지구 A1-5BL은 위례포레샤인17단지, A1-12BL은 위례

포레샤인15단지라는 이름으로 분양했다. 이 단지의 시공사는 민간건설사인 한화건설이고, 총 세대 수는 17단지가 1,282호, 15단지가 394호다. 그리고 분양면적을 보면 17단지가 전용면적 기준 66·70·75·80·84㎡ 타입으로 다섯 가지 타입 모두 국민주택에 해당하고, 15단지는 64·74·84㎡ 등 세 가지 타입으로 모두 85㎡ 이하인 국민주택에 해당한다. 사업 시행자가 SH로, 이 단지가 바로 국민주택이다.

그럼 민영주택 분양은 어떻게 될까? 위례 택지개발사업지구 A3-4a블록에 공급된 북위례힐스테이트의 입주자 모집공고에는 공급면적이 92·98·102㎡ 등 세 가지 타입이라고 나와 있다. 총 세대 수는 1,078호이고 다자녀 특별공급 107호, 노부모 특별공급 32호가 포함돼 있다. 일단 면적만으로 전용면적 85㎡를 초과하므로 국민주택이 아니며 민영주택에 해당한다.

민영주택은 모든 입주자 모집공고와 일정을 '한국부동산원 청약홈' 사이트에서 파악할 수 있다. 그러나 국민주택은 약간 다른데, '일반공급'은 청약홈에 올라가지만 '특별공급'은 청약홈에 올라가지 않는다. 특별공급제도는 매우 상세하게 공부해야 하는 제도이므로 자세히 보겠지만, 청약홈에 일정이 올라가지 않기 때문에 국민주택의 특별공급을 목표로 하는 사람들은 국민주택의 사업 주체인 LH, SH, 경기주택도시공사GH 등의 분양 일정을 수시로 체크할 필요가 있다.

위례신도시 사례에서 SH가 공급한 위례포레샤인17단지의 특별공급 청약접수는 2020.11.30~2020.12.1 이틀간 진행됐고, SH 홈페이지에서 신청 접수를 받았다. 그리고 제1순위 일반공급부터는 한국부동산원 청약홈에서 받았다. 국민주택에 청약할 수 있는 자격이 있는 경우라면 공공 시행사들의 홈페이지에 미리 회원가입도 하고, 알림도 받으실 것을 추천한다.

- 한국부동산원 청약홈: www.applyhome.co.kr
- 한국토지주택공사(LH): https://apply.lh.or.kr/LH/index.html
- 서울주택도시공사(SH): https://www.i-sh.co.kr/main/lay2/program/S1T1C220/subMain2.do

청약의 기초 2: 1순위와 2순위

청약제도를 제대로 이해하기 위해서 가장 먼저 할 일은 바로 청약 대상인 주택을 구분하는 것이다. 청약 대상에서 주택은 국민주택과 민영주택으로만 나뉜다.

국민주택은 국가나 지자체, LH 및 지방공사가 건설하는 전용면적 85㎡ 이하의 주택을 의미한다. 또는 국가나 지방자치단체의 재정 또는 주택도시기금(구 국민주택기금)을 지원받아 건설·개량하는 주거전용면적 85㎡ 이하의 주택을 의미한다.

종합저축이 있다면 이제 청약을 할 수 있다. 청약에는 1순위와 2순위라는 것이 존재한다. 당연히 순위가 높은 것이 좋아 보일 것이다. 실제로도 1순위와 2순위의 청약 날짜가 다른 것이 일반적이고, 청약경쟁률도 각 순위 내 경쟁을 통해서 먼저 선정하므로 1순위가 되는 것이 당첨에 보다 유리하다. 그리고 순위를 정하는 기준 역시 국민주택과 민영주택이 다르기 때문에 하나씩 봐야 한다.

🏠 민영주택의 1순위와 2순위

먼저, 민영주택에서는 1순위를 어떻게 결정할까? 민영주택의 순위 조건은 두 가지 기준을 따른다. 첫째는 청약통장 가입 기간이고, 둘째는 납입금(예치금)이다.

민영주택 1순위는 주택청약종합저축, 청약예금, 청약부금 등에 가입하고 일정 기간이 경과해야 한다. 이 일정 기간은 지역별로 다른데, 투기과열지구 및 청약과열지역에서는 청약통장 가입 후 2년이 경과해야 한다. 반대로 청약위축지역에서는 가입 후 1개월만 경과하면 가입 기간을 충족한다. 그 외 지역들(투기과열, 청약과열, 위축지역 제외)의 경우 수도권은 가입 후 1년이 경과하면 되고, 수도권 외 지역은 가입 후 6개월이 경과하면 가입 기간 기준을 충족한다.

그렇다면 투기과열지구, 청약과열지역, 청약위축지역은 어디일까? 2021년 기준 각각은 다음과 같다.

표 4-2 **투기과열지구**

◻ 투기과열지구 지정 현황

지역	지정지역	지도
서울특별시	전역(25개區)	♀ 보기
경기도	광명시, 과천시, 성남시 분당구·수정구, 하남시, 수원시, 안양시, 안산시 단원구, 구리시, 군포시, 의왕시, 용인시 수지구·기흥구, 화성시(동탄2만 지정)	♀ 보기
인천광역시	연수구, 남동구, 서구	♀ 보기
대구광역시	수성구	♀ 보기
대전광역시	동구, 중구, 서구, 유성구	♀ 보기
세종특별자치시	행정중심복합도시 건설 예정지역	♀ 보기
경상남도	창원시 의창구(대산면·동읍·북면* 제외) * 북면 감계·무동지구는 투기과열지구 유지	♀ 보기

표 4-3 **청약과열지역**

◻ 청약과열지역 지정 현황

지역	지정지역	지도
서울특별시	25개區 전역	♀ 보기
경기도	전역(일부 지역* 제외) *남양주시(화도읍·수동면·조안면), 용인시 처인구(포곡읍, 모현·백암·양지·원삼면 가재월·사암·미평·좌항·두창·맹리), 안성시(일죽·죽산·삼죽·미양·대덕·양성·고삼·보개·서운·금광면),광주시(초월·곤지암읍, 도척·퇴촌·남종·남한산성면), 양주시(백석읍, 남·광적·은현면), 김포시(통진읍, 대곶·월곶·하성면) 파주시(문산·파주·법원·조리읍,월롱·탄현·광탄·파평·적성·군내·장단·진동·진서면),연천시, 동두천시(광암·걸산·안흥·상봉암·하봉암·탑동동), 포천시, 가평시, 영평시, 여주시, 이천시	♀ 보기
인천광역시	중구(을왕·남북·덕교·무의동 제외), 동구, 미추홀구, 연수구, 남동구, 부평구, 계양구, 서구	♀ 보기
부산광역시	해운대구, 수영구, 동래구, 연제구, 남구, 서구, 동구, 영도구, 부산진구, 금정구, 북구, 강서구, 사상구, 사하구	♀ 보기
대구광역시	수성구, 중구, 동구, 서구, 남구, 북구, 달서구, 달성군(가창·구지·하빈면, 논공·옥포·유가·현풍읍 제외)	♀ 보기
광주광역시	동구, 서구, 남구, 북구, 광산구	♀ 보기
대전광역시	동구, 중구, 서구, 유성구, 대덕구	♀ 보기
울산광역시	중구, 남구	♀ 보기
세종특별자치시	행정중심복합도시 건설 예정지역	♀ 보기
충청북도	청주시(낭성·미원·가덕·남일·문의·남이·현도·강내·옥산·북이면, 내수읍 제외)	♀ 보기
충청남도	천안시 동남구(목천읍, 풍세·광덕·북·성남·수신·병천·동면 제외)·서북구(성환·성거·직산읍,입장면 제외), 논산시(강경·연무·성동·광석·노성·상월·부적·연산·벌곡·양촌·가야곡·은진·채운면 제외), 공주시(유구·이인·탄천·계룡·반포·의당·정안·우성·사곡·신풍면 제외)	♀ 보기
전라북도	전주시 완산구·덕진구	♀ 보기
전라남도	여수시(돌산읍, 율촌·화양·남·화정·삼산면 제외), 순천시(승주읍, 황전·월등·주암·송광·외서·낙안·별량·상사면 제외), 광양시(봉강·옥룡·옥곡·진상·진월·다압면 제외)	♀ 보기
경상북도	포항시 남구(구룡포·연일·오천읍, 대송·동해·장기·호미곶면 제외), 경산(하양·진량·압량읍·와촌·자인·용성·남산·남천면 제외)	♀ 보기
경상남도	창원시 성산구	♀ 보기

표 4-4 **청약위축지역**

□ 청약위축지역 지정 현황

지역	지정지역	시도
	현재 지정지역이 없습니다.	

출처: 한국부동산원 청약홈

그럼 실제로 적용해보자. 만약 수도권 거주자인데 본인 거주지가 청약과열지역에 해당한다면, 1순위 가입 기간 조건을 충족하기 위해서는 가입일로부터 2년이 경과해야 한다. 수도권 중 청약과열지역이 아닌 지역에서 1순위 자격을 충족하려면 1년이 경과하면 된다.

가입 기간을 충족한다면 1순위를 위해서 필요한 두 번째 기준인 '납입금'도 충족해야 한다. 청약통장 가입 기간 중 납입한 금액이 '지역별 예치금액' 기준 이상이어야 한다. 지역별 예치금 표를 살펴보자.

표 4-5 **지역별 예치금액**

□ 지역별 예치금액 ('지역'은 청약통장가입자의 거주지 기준임)

(단위 : 만 원)

구분	청약예금			청약부금 (85m² 이하의 주택에만 청약신청 가능)		
	서울/부산	기타 광역시	기타 시/군	서울/부산	기타 광역시	기타 시/군
85m² 이하	300	250	200	300	250	200
102m² 이하	600	400	300	청약부금으로 민영주택 2순위 청약 시에는 예치금에 관계없이 모든 주택 규모 청약 가능		
135m² 이하	1,000	700	400			
모든면적	1,500	1,000	500			

※ '지역'은 청약통장 가입자의 거주지 기준임
출처: 한국부동산원 청약홈

지역별 예치금은 전용면적 기준으로 금액이 다르다는 것이 중요한 점 중 하나다. 예를 들어 국민주택 규모인 전용면적 85㎡ 이하인 경우 서울·부산시는 예치금액 300만 원이 청약통장에 납입되어 있어야 한다. 이 지역에서 102㎡에 청약하려면 600만 원 이상, 135㎡ 이상에 청약하려면 1,000만 원 이상, 모든 면적에 청약하려면 1,500만 원 이상을 예치하고 있어야 한다. 기타 광역시는 그 기준이 250만 원, 400만 원, 700만 원, 1,000만 원이다. 기타 광역시란 인천, 광주, 대구, 대전, 울산 지역을 말한다. 이 외에 기타 시·군에서는 200만 원, 300만 원, 400만 원, 500만 원을 예치하면 된다.

중요한 것은 예치금이 언제까지 통장에 들어 있어야 하느냐는 것인데, 분양 대상 아파트의 입주자 모집공고일 이전에 예치되어 있어야 한다. 예를 들어, 2022년 5월 10일이 입주자 모집공고일이라면 5월 9일까지는 예치되어 있어야 한다는 뜻이다.

그렇다면 예치금을 24회 꾸준히 납입해서 저 액수를 채워야 할까? 아니면 다른 방법도 있을까? 민영주택의 경우에는 1회에 모든 금액을 예치해도 된다. 예를 들어 청약통장은 2018년 1월 1일에 가입했고, 이후 2년간 월 분납액 없이 가입만 유지했다고 하자. 그러다가 2021년 12월에 원하는 아파트가 분양할 예정이고 청약 대상 아파트의 전용면적이 101㎡라서 600만 원을 예치해야 한다는 걸 알게 됐다면, 600만 원을 입주자 모집공고일 이전에 한 번에 예치하더라도 괜찮다는 의미다.

이런 납입 방식은 '납입 횟수'가 중요한 국민주택과의 가장 큰 차이 중 하나이기 때문에 꼭 제대로 이해하고 넘어가면 좋겠다. 즉, 민영주택의 예치금은 입주자 모집공고일 이전에만 예치하면 된다.

이렇게 민영주택 1순위가 되기 위해서 청약통장 가입 후 일정 기간이 경과하고, 지역별 예치금액 이상의 금액이 통장에 납입되어 있다면 1순위 자격을 부여받을 수 있다. 그런데 이 두 조건을 충족해도 1순위를 제한하는 경우가 있으니 한번 살펴보자.

먼저, 투기과열지구와 청약과열지역 내 '민영주택'에 청약하고자 할 때 세 가지 경우에 1순위 제한을 받는다. 첫째는 '세대주가 아닌 자'다. 둘째는 과거 5년 이내에 다른 주택에 당첨된 '세대에 속한 자'이고, 셋째는 2주택 이상 소유한 '세대에 속한 자'다.

첫째, 세대주가 아닌 자는 말 그대로 해당 세대의 세대주만이 1순위가 될 수 있다는 것을 의미한다. 그래서 30대 초반 사회생활을 시작한 청년층의 경우 세대주가 되기 위해서 세대분리를 하는 경우가 적지 않다(오피스텔에 임차를 하고 거주한다거나 등).

둘째, 과거 5년 이내에 다른 주택에 당첨된 세대에 속한 자라는 기준이 바로 5년 내 재당첨 금지라는 새로운 규제다. 예를 들어 분양주택을 2018년에 당첨된 적이 있고 이후 새로 청약통장에 가입해서 2022년에 다시 한번 청약을 하고자 하는 경우, 5년 내 다른 주택에 당첨된 세대에 속한 자에 해당한다. 즉 2순위가 되는 것이다. 이런 부분을 혼동해서 1순위로 청약해서 당첨이 됐다가 당첨자 자격이 박탈되는 경우가 왕왕 있다. 당첨된 자가 아니라 당첨된 '세대에 속한 자'로, 세대 기준으로 적용한다는 것이 중요하다.

마지막 2주택 이상 소유한 세대에 속한 자는 일시적 2주택이냐, 영구 2주택이냐가 중요한 것이 아니라 입주자 모집공고일 기준 2주택 이상을 소유한 세대인지 아닌지로 판단한다.

이런 기준이 있기에 투기과열·청약과열지역에서는 2년의 가입 기간, 지역별 예치금을 충족한 사람 중 '세대주'인 사람 또는 5년 내 재당첨이 없고 2주택 이상이 아닌 세대주들만이 사실상 1순위 자격을 확보할 수 있다.

이 기준상으로는 1주택까지는 청약을 할 수 있다는 말인데, 대부분의 청약에서 처분 조건부, 즉 종전 주택의 처분을 전제로 청약의 기회를 제공하기도 하므로 주택이 있다고 청약이 안 되는 것은 아니란 점을 알아두면 좋을 것이다.

또 여기서 '주택의 소유 여부'에 대한 기준도 달라졌다. 기본적으로 거주 주택뿐만 아니라, 임대사업자 등록을 한 주택도 주택 수에 포함되며, 2018년 12월 11일 이후에 보유하는 분양권과 입주권도 주택으로 인정한다(기준일 이전부터 보유하고 있던 분양권은 주택으로 보지 않음).

🔍 국민주택의 1순위와 2순위

국민주택의 1순위와 2순위는 민영주택과 어떻게 다를까?

국민주택에도 청약통장 가입 기간, 납입금 기준이 있다. 청약통장 가입 기간은 민영주택과 마찬가지로 투기과열·청약과열지역은 2년 경과, 위축지역은 1년 경과, 그 외 지역 중 수도권은 1년 경과, 비수도권은 6개월 경과가 조건이다. 지역도 동일하고 기간도 동일하다.

가장 큰 차이는 국민주택은 '납입 횟수'를 본다는 것이다. 투기과열·청약과열지역에서는 납입 횟수가 총 24회 이상이어야 한다. 위축지역은 1회만 납입해도 되고, 기타 지역은 수도권 12회, 비수도권 6회를 납입해야 한다. 민영주택은 '예치금'이 기준이고, 국민주택은 납입 '횟수'가 기준이라는 점을 꼭 기억하자.

24회 납입과 240만 원 예치금의 차이점은 무엇일까? 국민주택 1순위가 되려면 월 10만 원씩 꼬박꼬박 24회를 납입해야만 한다는 뜻이다. 그런데 민영주택 1순위는 가입만 하고 납입을 하지 않다가, 24개월 차에 한 번에 240만 원을 넣어도 입주자공고일 전에 240만 원만 넘기면 된다. 좀 더 확대한다면 국민주택의 경우 납입 횟수가 중요하므로 월 2만 원씩 24회 납입해서 48만 원이 납입된 통장이라고 해도 1순위 자격을 취득하는 데 아무런 문제가 없다. 반면, 민영주택의 경우 48만 원은 기준 예치금보다 낮은 금액이므로 1순위가 될 수 없다.

이처럼 청약통장은 어쨌든 만들어지면 꼬박꼬박 납입하는 것이 매우 중요하다. 한참을 내지 않다가 한 번에 낸다면 국민주택에 청약하고자 할 때 납입 횟수에서 가로막힐 수 있기 때문이다. 의외로 이런 차이를 잘 몰라서 국민주택 청약 자격이 되는 세대주가 청약을 하지 못하는 경우를 왕왕 봤는데. 정말 중요한 차이점이니 꼭 유념하길 바란다.

국민주택도 비슷하게 1순위 자격에 제한을 둔다. 투기과열·청약과열지역에서 세대주가 아닌 경우, 또 과거 5년 이내에 다른 주택에 당첨된 자가 속해 있는 '무주택 세대구성원'은 1순위 자격을 확보할 수 없다.

동일한 주택이고 당첨자 발표일이 동일한 국민주택이 있다고 해보자. 예를 들어 3기 신도시에 공급하는 한 단지가 있는데 여기에 무주택 세대구성원 전체가 청약할 수 있을까? 한 세대에서 2인 이상이 청약할 경우 당첨 취소가 되므로, 한 단지에 절대 2인 이상이 청약해서는 안 된다는 점도 꼭 명심하기 바란다.

청약의 기초 3:
순위순차제와 가점제·추첨제

이제 순위에 해당한다고 생각하고 각자 청약통장을 사용해서 원하는 단지에 청약 신청을 했다고 가정해보자. 한국부동산원 청약홈 사이트에서 온라인 청약이 가능하다.

청약홈에 가면 청약 자격이나 청약제도에 대한 설명, 또 가장 중요한 청약 일정, 해당 단지의 모든 것이 담겨 있는 '입주자 모집공고문'을 볼 수 있다. 청약에 관심이 있는 사람이라면 자주 방문해봐야 하는 곳이다.

청약홈에서 입주자 모집공고를 통해 청약 신청 접수일을 확인한다. 대부분은 특별공급을 먼저 하고, 다음 날 1순위, 그다음 날 2순위 신청을 받는다. 보통은 특별공급에 신청하는 것과 동시에 같은 청약지의 일반공급도 신청할 수 있다. 즉 특별공급에 떨어지더라도 일반공급으로 다시 도전할 수 있다.

🏠 국민주택 1순위 경쟁 시: 순위순차제

문제는 이렇게 신청한 사람이 해당 단지의 청약 대상 물건 수보다 많아 순위 안에서 경쟁해야 하는 상황이 발생할 때다. 먼저 국민주택의 경우, 1순위 내에서 경쟁이 존재할 때 어떻게 당첨자를 선정하는지 알아보자.

국민주택은 순위순차제라는 제도를 통해 당첨자를 선정한다. 순위순차제는 면적에 따라 다시 구분되는데, 전용 40㎡를 초과하는 단지의 1순차자는 '3년 이상의 기간 무주택 세대구성원으로서 저축총액이 많은 자'다. 예를 들어 10년간 무주택이고 청약통장에 매달 10만 원씩 빠짐없이 납입했다면 1,200만 원이 되고, 20년간 무주택으로 빠짐없이 납입했다면 2,400만 원이 된다. 여기서 금액이 많은 사람일수록 순위순차를 통해서 당첨된다는 의미다. 경쟁률이 치열한 공공주택의 경우 3,000만 원대가 당첨자 선인 경우가 있는데, 이는 25년간 쉬지 않고 넣었다는 의미다.

1순차자 중에서 입주자가 다 선정되면 여기서 끝나지만, 미달할 경우에는 2순차자인 '저축총액이 많은 자'가 당첨된다.

한편, 40㎡ 이하 주택의 경우에는 1순차자가 '3년 이상의 기간 무주택 세대구성원으로서 납입 횟수가 많은 자'인데, 이때는 금액이 아니라 납입 횟수가 중요하다. 예를 들어 월 2만 원씩 20년간 240회 납부한 경우와 월 10만 원씩 10년간 120회 납부한 경우가 있을 때, 후자가 납입 총액은 더 크지만 납입 횟수는 전자가 더 많기 때문에 1순차자가 되어서 당첨 조건에 해당된다. 즉, 공공주택 중 40㎡ 이하 소형이라면 납입 횟수만 많으면 된다는 의미다. 1순차자 중에서 미달이 발생할 경우에는 '납입 횟수가 많은 자'로 2순차자들을 다 포함해서 당첨자를 뽑는다.

🏠🔍 민영주택 1순위 경쟁 시: 가점제와 추첨제

한편, 민영주택의 순위 내 경쟁이 있을 때 당첨자는 어떻게 선정할까?

민영주택은 청약순위에 따라서 입주자를 선정하고, 1순위가 미달할 때만 2순위 입주자를 결정한다. 1순위 중 같은 순위 내 경쟁이 있을 때는 가점제와 추첨제라는 제도를 운영하고, 2순위 중에서는 추첨 방식으로 선정하게 되어 있다.

가점제·추첨제의 비중은 민영주택의 종류에 따라서 달라지는데, 이를 〈표 4-6〉이 보여준다.

표 4-6 **지역 및 평형별 가점제와 추첨제의 비중**

☐ 선정 비율

주거전용면적	투기과열지구	청약과열지역	수도권 내 공공주택지구	85m² 초과 공공건설임대주택	그 외 주택
85m² 이하	가점제 : 100% 추첨제 : 0%	가점제 : 75% 추첨제 : 25%	가점제 : 100% 추첨제 : 0%	-	가점제 : 40%(~0%) (시장 등이 40%이하로 조정가능) 추첨제 : 60~100%
85m² 초과	가점제 : 50% 추첨제 : 50%	가점제 : 30% 추첨제 : 70%	가점제 : 50%(~0%) (시장 등이 50%이하로 조정가능) 추첨제 : 50%(~100%)	가점제 : 100% 추첨제 : 0%	가점제 : 0% 추첨제 : 100%

출처: 한국부동산원 청약홈

　　투기과열지구에서는 85㎡ 이하일 때 가점제가 100%이고, 추첨제는 0%다. 85㎡ 초과일 때 가점제 50%, 추첨제 50%다. 예를 들어 서울시 내 재건축·재개발사업에서 전용면적 85㎡ 이하 주택 100세대가 민영주택으로 분양된다면 가점제 100%에 추첨제 0%이고, 85㎡를 초과한다면 50:50으로 분양한다는 얘기다.

　　청약과열지역에서는 이 비율이 달라진다. 먼저 85㎡ 이하일 때 가점 75%, 추첨 25%다. 85㎡ 초과일 때는 가점 30%, 추첨 70%로 추첨의 비중이 더 높다. 대형 평형대로 갈수록 추첨제의 비중이 커진다.

　　이처럼 당첨자 선정의 비중이 지역마다 다르기 때문에 청약과열지역과 투기과열지구가 어디인지를 자세히 알아두어야 한다. 투기과열지구의 85㎡ 이하는 가점제 100%다. 만약 특별공급으로는 어렵고 일반공급으로만 청약이 가능한데, 그 청약 신청에서도 가점제가 100%인 민영주택으로만 해야 하고 본인의 점수가 낮다면 당첨될 가능성이 매우 낮아지기 때문이다. 이른바 누울 자리를 찾아가면서 발을 뻗어야 한다는 말처럼, 본인의 조건에 맞춰 청약 대상 아파트를 미리 알아두어야 한다.

한편, 수도권 내 공공주택지구의 민영주택이라면 어떻게 될까? 2010년대에 공급했던 2기 신도시 지역을 포함해서 앞으로 공급될 3기 신도시와 수도권 공공택지 지역들은 어떻게 될까? 이들 지역에서 공급하는 민영주택은 전용면적 85㎡ 이하일 때 가점제가 100%이고 추첨제가 0%다. 다만, 2021년 11월 주택 공급에 관한 규칙의 개정을 통해서 민영주택 중 신혼부부 특별공급, 생애 최초 특별공급의 30%에 해당하는 규모에 추첨제를 다시 도입했다.

그 외 주택은 85㎡ 이하일 때 가점제가 40~0%, 추첨제는 60~100%로 지자체장이 결정하게 되어 있다. 85㎡ 초과는 가점제 0%, 추첨제 100%가 된다.

이제 가점제와 추첨제에 대해서 알아보자.

먼저 가점제를 보자면, '청약가점제 산정기준표'(<표 4-1> 참조)에 따라 총 84점 만점을 기준으로 가점을 부여한다. 청약가점제는 무주택 기간으로 총 32점, 부양가족 수로 총 35점, 입주자저축 가입 기간으로 총 17점을 배분한다.

여기까지 읽어봤다면, 일단 자신이 가점제로 했을 때 점수가 어느 정도인지를 알아보는 것도 중요하다. 자신이 청약 신청을 했을 때 어느 형태의 청약에서 가장 경쟁률이 낮을지, 즉 당첨 확률이 높을지를 생각해볼 수 있기 때문이다.

다만, 가점제에만 사고방식이 갇혀 있을 필요가 없다. 자신이 국민주택에 신청할 것인지 민영주택에 신청할 것인지, 국민주택 청약 자격은 되는지 아닌지, 청약을 한다면 어떤 면적인지, 해당 지역이 투기과열인지 청약과열인지 또는 수도권 공공택지인지 아니면 일반 지역인지 등에 따라서 다양한 청약 전략이 존재하기 때문이다. 청약하는 단지의 입주자 모집공고문에서 알아내야 할 정보가 매우 많기에, 자신만의 전략을 잘 세운다면 청약이 로또보다는 좀 더 쉽지 않을까 생각한다.

청약제도 개편이 쏘아 올린
나비효과

2017년 8·2부동산대책을 통해서 다주택자 규제 강화, 실수요자 보호라는 원칙이 천명되고 이 원칙에 따라 부동산대책이 발표됐다. 실수요자 보호 원칙상 신규 주택 공급의 핵심인 청약제도 역시 개편됐는데, 핵심은 청약가점제의 확대와 추첨제의 축소였다. 앞의 〈표 4-1〉에서 봤듯이 청약가점은 무주택 기간이 길고, 부양가족이 많고, 청약통장 가입 기간이 긴 무주택자가 높을 수밖에 없도록 설계된 것이어서 가점제 확대는 직관적으로 실수요자 보호 수단으로 인식된다.

🔍 주택 시장 조정 장치로 활용된
가점제와 추첨제

문제는 가점제 상향이라는 원칙은 좋았을지 몰라도, 가점제가 100%까지 상향되자 예상하지 못한 부작용이 발생했다는 점이다.

앞서 살폈듯이, 청약에서 주택의 공급은 두 종류로만 나뉜다. 하나는 정부·공공기관이 주도로 공급하는 전용면적 85㎡ 이하인 국민주택이고, 나머지는 국민주택이 아닌 주택으로 이를 민영주택이라고 부른다.

국민주택에서는 순위순차제라는 방식을 사용해서 당첨자를 선정하며, 민영주택은 가점·추첨 혼잡제 방식을 사용하여 당첨자를 선정한다. 그리고 가점제에 사용하는 청약가점제 산정기준표가 외부에 잘 알려진 점수표로, 만점 84점으로 구성되어 있다.

민영주택의 가점·추첨 혼합제는 제도 도입 이후 주택 시장 부양이 필요할 때는 완화하고, 주택 시장 규제가 필요할 때는 강화하는 방식으로 가점과 추점의 비중을 관리해왔다. 예를 들어 2013년 4·1대책에서 주택 시장 부양 정책이 필요하던 시기에는 85㎡ 이하 전용면적의 경우 75%였던 가점제의 비중을 40%로 낮추고 추첨제를 60%로 높이는 형태로 대응했다. 85㎡ 초과의 경우에는 가점:추점이 50:50이었는데, 4·1대책에서는 대형 주택의 가점제를 폐지하고 추첨제 100%로 운영했다.

그러다가 다주택자 규제 방침이 나온 8·2대책에서는 가점의 비중을 다시 높이고, 추첨의 비중을 낮췄다. 〈표 4-7〉처럼 투기 과열지구의 가점제 비중을 75%에서 100%로 올리고, 조정지역의 가점제 40% 비중을 75%로 높였다.

표 4-7 **민영주택 가점제 적용 비율**

	4·1대책(2014) 이후		8·2대책(2017) 이후	
	85㎡ 이하	85㎡ 초과	85㎡ 이하	85㎡ 초과
수도권 공공택지	100%	50% 이하에서 지자체장이 결정	100%	50% 이하에서 지자체장이 결정
투기과열지구	75%	50%	100%	50%
조정대상지역	40%	0%	75%	30%

이로 인해서 누구도 상상하지 못했던 시장의 변화가 나타나게 됐다. 2017년 이전까지 투기과열지구 중 대표적인 서울시의 일반 공급 중에서 30대 이하 가구의 청약 당첨 비중은 약 48%로 절반 수준에 육박했다. 그런데 이 제도가 도입된 이후로는 서울시 일반분양 당첨자 중 30대 이하 가구의 비중이 10%로 거의 5분의 1 수준으로 낮아진 것이다.

이런 변화에 따라 30대 이하 가구는 청약 시장에서 도태돼 기존 주택 시장에서 매매 거래를 통해서 주택을 취득해야 하는 상황에 놓였다. 이들은 2019년 하반기부터 기존 주택 시장에서 본격적으로 활동했는데, 이것이 이른바 1주택 갭 투자 사이클을 만들었다.

표 4-8 **연령대별 일반공급 당첨자(서울시)**

(단위: 명, %)

지역	연도	일반공급 당첨자				
		20대 이하	30대	40대	50대	60대 이상
서울	2016	1,265 (9.6)	4,988 (37.9)	3,466 (26.4)	2,298 (17.5)	1,131 (8.6)
	2017	803 (5.5)	6,005 (41.3)	4,246 (29.2)	2,470 (17.0)	1,002 (6.9)
	2018	73 (1.2)	1,247 (19.8)	3,121 (49.6)	1,460 (23.2)	392 (6.2)
	2019	227 (2.1)	2,831 (26.2)	4,684 (43.4)	2,272 (21.0)	784 (7.3)
	2020	29 (0.4)	758 (11.1)	3,563 (52.3)	1,892 (27.8)	569 (8.4)

🏠 3040이 청약 시장에서 밀려나게 한 트리거, 청약가점제 100%

지인들과 청약제도에 대해서 한창 얘기하고 있는데, 부동산에 큰 관심이 없던 다른 지인이 갑자기 분위기 깨는 질문을 했다.

"청약에도 점수가 있어?"

그렇다. 점수제인 것을 모르는 사람도 여전히 많다. 청약은 앞서 살펴본 것처럼 점수로 구성되어 있다. 그렇지만 핵심은 늘 디테일에 있듯, 청약제도 역시 8·2정책과 9·13정책을 통해서 상당한 변화를 겪어왔다.

가장 큰 변화는 2017년 8·2부동산대책부터였다. 먼저, 투기과열지구와 조정지역에서 1순위 자격을 확보하는 기준이 종전 12

회 납부에서 24회 납부로 바뀌면서 1순위를 확보하기가 까다로 워졌다. 둘째는 민영주택 분양에서 85㎡ 이하의 경우 청약조정지역에서는 75%를 가점제로 하고, 투기과열지구에서는 100%를 가점제로 공급하게 됐다.

가점제 100%야말로 청약 시장에 있었던 가장 큰 변화가 아닐까 싶다. 종전 75%에서 100%로 변하면서 투기과열지구 안에서는 사실상 30대 당첨자가 나오는 것이 불가능해졌다. 서울시의 강북권 당첨 점수도 50점대이고, 강남권은 60점대 이상이니 30대는 일반공급으로는 당첨이 불가능해진 것이다.

8·2대책 이후에 분양한 단지 중 서대문구의 래미안DMC 루센티아가 있다. 이 단지에서 전용 59㎡는 당첨 점수가 60점이었는데, 최저 55점, 최고 69점이었다. 전용 84㎡에서 A 타입은 평균가점이 59.9점이고 최저 54점, 최고 69점이었다. 심지어 84C 타입은 최고 74점이었다. 74점은 5인 가족 만점 점수다.

이런 배점 때문에 이른바 3040으로 대표되는 낮은 점수의 실수요자들은 청약 시장에서 도태되고 말았다. 물론 전용면적 85㎡를 초과하는 대형 평형은 8·2대책 이후에 가점제와 추첨제 50:50으로 운영된다. 50%는 가점으로, 50%는 추첨으로 당첨자를 선정하는 것이다. 그런데 3040세대에게 전용 85㎡를 초과하는 주택은 너무 넓다. 2~3인가구인데 40평형대나 50평형대에 청약할 수는 없지 않은가? 30대들에게 이런 얘기를 하면 허탈하게 웃곤 했다.

8·2정책은 다주택자를 규제하고, 주택 시장을 실수요자 중심으로 만들기 위한 대책이었다. 그러나 이 대책에서 청약제도가 변하면서 오히려 실수요자 중 일부가 청약에서 완전히 배제되는 결과가 생긴 것이다.

청약제도는 이후 9·13대책을 거치면서 또 한 차례 변경됐다. 9·13에서는 추첨제 방식 중 75%를 무주택자에게 우선 공급하도록 했다. 이로써 유주택자는 청약 시장에서 사실상 완전히 도태됐다. 실제 청약 당첨 사례를 보면 95~98% 이상이 무주택자일 정도로 청약 시장은 무주택 중심 시장이 됐다. 안타까운 것은 3040들도 도태됐다는 점이다.

8·2대책으로부터 2년이 지나, 「서울경제」가 당첨 시장 전부를 분석한 기사를 낸 적이 있다. 투기과열지구, 즉 가점제 100%인 지역에서 당첨된 사람의 무주택 기간은 85㎡ 이하에서는 23.84년이었고 부양가족도 2.2명이었다는 것이다. 무주택 기간은 만 30세 이상부터 계산하거나 결혼 후부터 계산한다. 그런 의미에서 실질적으로 만 45세가 되지 않는다면 만점이 어렵다는 얘기다. 무주택 기간이 길었던 무주택자들에게 주택 당첨 기회를 확대한다는 취지는 좋았으나, 100%가 아니었어야 하지 않을까 싶다. 그렇게 3040들의 청약 시장 도태 이후, 반란이 시작됐다.

공급에 대한 고민으로 쏟아져 나온 공급대책, 그러나

2020년에는 코로나19에 대응하는 데 전력을 다하느라 부동산 정책은 다소 후순위로 밀리는 듯한 분위기였다. 국민 생명에 직결되는 정책을 최우선 순위로 두는 것은 당연한 일이다.

🏠 2020년 5·6공급대책

2020년, 4·10총선에서 180석을 확보한 민주당이 3기 신도시로 부족한 구도심의 주택 공급에 대한 시장의 요구 조건을 파악하기 시작했다. 5월 6일에 발표된 이른바 5·6대책은 물량만 서술하자면 2022년까지 서울 도심에 7만 호 부지를 추가로 확보하고,

2023년 이후에는 수도권에 연평균 '25만 호+알파' 수준의 주택 공급이 가능하도록 체제를 잡자는 것이 골자였다.

특히 서울 도심의 7만 호 부지가 화두였다. 공공재개발 활성화를 통해서 4만 호, 소규모 정비사업 보완으로 1만 2,000호, 유휴 공간 정비 및 재활용으로 1만 5,000호, 도심 내 유휴부지 추가 확보로 1만 5,000호가 설정됐다.

구도심 사업을 촉진하기 위한 다양한 사업 방식도 거론됐다. 바로 공공재개발이었다. 당시 서울 내에서 531곳의 재개발·재건축 사업이 진행 중이었고 인허가는 연평균 약 2만 6,000호, 착공 연평균 2만 8,000호로 이뤄지고 있었다. 문제는 서울 재개발 지역 중 102곳이 구역 지정 이후 10년이 지나도록 조합설립에 실패하고 있다는 점이었다. 그래서 이처럼 시장참여가 저조한 사업지를 공공 주도로 돌파하겠다는 계획이었다.

LH나 SH가 단독 또는 공동시행자로 재개발과 주거환경 개선 사업에 참여하는 것을 모토로 공공참여 재개발이 발표됐다. 이외에도 지분형 주택 운영이라거나, 수익공유형 전세주택 운영이라거나 등 말만 들어도 복잡해 보이는 내용들이 발표됐다.

물량 자체가 7만 호로 크지 않았기에 5·6대책은 큰 대책이라고 볼 수 없었으나, 이것이 갑자기 화두가 된 이유는 바로 용산 때문이었다. 도심 내 유휴부지로 확보하겠다고 한 1만 5,000호 중 용산의 코레일 부지 8,000호가 거론된 것이다. 용산은 입지가 좋다는 것을 누구나 인정할 뿐 아니라, 용산 개발이 2000년대 중반에 진행됐다가 좌초한 점 등 상징성이 매우 큰 곳이다. 이런 곳에 5·6대책을 통해서 공공주택 8,000세대를 공급하겠다고 하자, 여론이 크게 반응한 것이다.

여론은 해당 지역에 주택을 더 지으라는 것부터, 용산에 공공주택 절대 안 된다 등 반응이 극렬하게 나타나기 시작했다. 이른바 '어그로'를 끄는 데 성공한 것이다. 그리고 5·6대책이 발표되면서 추가로 국회를 세종시로 이전하고 주택을 건설하자, 성남비행장을 이전하고 신도시를 건설하자, 김포공항을 이전하고 신도시를 건설하자, 그린벨트를 개발하자 등 다양한 신도시급 택지개발에 대한 반응들이 나타나기 시작했다.

🔍🏠 2021년 2·4공급대책

2021년 문 대통령은 신년사에서 2020년 가구의 증가가 예상을 뛰어넘을 만큼 가팔랐다면서 도심 내 '특단의 주택 공급 정책'을 주문했다. 그리고 이 주문을 받아 홍남기 경제부총리를 대동한 자리에서 2·4공급대책이 발표됐다. 2·4공급대책은 총 83만 6,000호의 주택을 2021~2025년에 추가로 공급하는 것을 목표로 했다.

그 방식으로 다양한 주거 공급이 언급됐는데, 가장 특징적인 것은 정비사업에 새로운 모형을 개발해서 '공공정비사업'을 도입한다는 것이었다. 정비사업은 민간 토지 소유주들이 조합을 결성한 후 절차를 지켜가면서 진행하는 것이 일반적이다. 그런데 이것이 민간에 주택 공급을 위임하는 것에 가깝다고 생각한 정부에서는 정비사업의 사업 주체를 공공으로 전환할 수 있도록 상당한 혜택을 부여하고 공공이 주도하는 정비 시장을 새롭게 열겠다는 것을 목표로 공공정비사업을 발표했다. 하지만 당시 공공정비사업은 이른바 시장경제에 반한다는 생각으로 호응을 얻지 못했는데, 이렇게 공공정비사업으로 공급할 물량이 13만 6,000호였다.

두 번째는 도심공공주택복합사업의 형태로 총 19만 6,000호를 추가 공급할 계획을 세웠다. 복합사업이란 주택만 건설하는 것이 아니라 주택을 업무·상업시설 등과 함께 건설해 공급하는 것을 의미한다. 도심복합사업은 반드시 주거용지에서 하는 것이 아니라 도심 내 비주거용지를 주거 용도로 활용할 수 있다는 점에서 말 그대로 도심에서 새로운 주택용지를 추가로 개발하는 효과를 가져올 것으로 보인다. 이는 윤 정부에서도 찬성하는 공급 방식이다.

세 번째는 소규모 정비사업인데, 200가구 이하로 구성된 소규모 재정비사업을 촉진하겠다는 것으로 이 물량에 11만 호가 배정됐다. 그리고 도시재생에 3만 호가 추가 배정됐다.

한편, 공공택지가 추가로 언급돼 공공택지로 총 26만 3,000호가 지정 예고됐고, 이것이 나중에 광명시흥보금자리주택지구 등을 포함하는 신규 대규모 신도시로 이어졌다. 마지막으로 비주택 리모델링 4만 1,000호, 신축 매입으로 6만 호 등 총 83만 6,000호의 공급 계획이다.

이렇게 2·4공급대책(이후 정부는 이를 3080+ 대책으로 부름)에서 83만 6,000호, 또 종전에 발표한 공공신도시 중심의 127만 호를 더하면 210만 6,000호가 되는데, 이 중 중첩되는 주택을 빼면 약 200만 호의 주택 공급 정책이다.

200만 호는 한국에서 유의미한 숫자인데, 노태우 정부에서 주택 시장 과열을 잡기 위해 공급책으로 사용하던 물량이 200만 호였기 때문에 다시 주택 공급 200만 호 시대를 열 것 같은 단어로 사용하는 것이다.

그렇게 주택 공급을 확대하면 시장의 실수요자들이 이 청약을 기다려줄 것인가? 주로 3기 신도시 등에 의존하는 공급 정책은 도시조성 및 택지 공급까지 시차가 있기에 당장의 주택 가격 상승에 대응할 수 없었다. 그러자 정부는 주택 공급을 앞당기는 방안으로 '사전청약제도'를 꺼냈다. 즉 본 청약이 시작되기 전에 미리 청약을 받을 수 있도록 함으로써 3기 신도시에 대한 관심도도 높이고 수요도 이연시켜 시장 안정화를 꾀하고자 한 것이다. 그렇게 해서 사전청약제도가 도입됐다.

윤 정부의 주택 공급 250만 호 파헤치기

윤석열 정부는 대통령 후보 시절부터 주택 공급 250만 호 계획을 발표했다.

공급 정책에서 특별한 것은 재건축·재개발 47만 호를 가장 앞에 배치했다는 것이다. 이는 그만큼 구도심 정비사업을 통해 주택 공급을 확실히 하겠다는 의지를 보여준다. 그리고 3기 신도시로 대표되는 수도권 공공택지는 그 규모가 142만 호로 가장 많고 수도권에만 74만 호에 이르지만, 이는 공급 정책 후반부로 빼면서 3기 신도시를 통한 공급을 추가로 더 할 생각이 없다는 것을 천명했다.

중요한 것은 청약제도의 변화다. 윤 정부는 현재의 청약제도

윤 정부의 부동산 공약 중

▶ **5년간 250만 호 이상 공급(수도권 130만 호 이상 최대 150만 호)**
- 재건축·재개발 47만 호(수도권 30.5만 호): 정밀안전진단 기준 합리화, 재건축 초과이익 부담금 완화, 신속 통합 인허가, 용적률 인센티브 등을 통해 공급 물량 20~30% 확대
- 도심·역세권 복합개발 20만 호(수도권 13만 호): 도심 복합개발혁신지구 제도를 도입하여 도심지역, 역세권, 준공업지역 등 복합개발
- 국공유지 및 차량기지 복합개발 18만 호(수도권 14만 호): 차량기지와 지상 전철부지, 미활용 국공유지를 복합·입체화 개발 추진
- 소규모 정비사업 10만 호(수도권 6.5만 호): 기반시설 설치, 용적률 인센티브, 인허가 절차 간소화 등을 통해 소규모로 주택 공급
- 공공택지 142만 호(수도권 74만 호): 현재 개발 중인 공공택지 및 GTX 노선상의 역세권 콤팩트시티 건설 추진
- 기타 13만 호(수도권 12만 호): 서울 상생주택, 매입약정 민간개발 등

가 갖는 문제점을 2030 미혼남녀와 신혼부부의 청약 기회가 원천봉쇄되는 가점제 100%에서 찾았다. 또 2021년 말 1인가구에도 추첨제를 도입하는 방식의 개선이 있었지만 근본적으로 청약의 문제점이 있다고 판단했다. 이에 제도를 개선하겠다고 공약했다.

청약제도 개선의 핵심은 앞서 언급한 대로 추첨제 비중을 높이는 것이다. 그리고 소형 주택일수록 추첨제를 더 높였다. 과거 기준대로라면 대형 면적을 추첨제로 해야 하는 상황이었으나, 소형 주택에 추첨을 늘림으로써 수요가 있는 곳에 공급한다는 개념을 담은 것이다.

면적 측면을 볼 때 85㎡라는 종전의 한 가지 기준에서 60㎡라

윤 정부의 부동산 공약 중

▶ 불합리한 청약제도 개선

현행(서울 기준)		개선(안)	
		60㎡ 이하	가점제 40%, 추첨제 60%
85㎡ 이하	가점제 100%, 추첨제 0%	60~85㎡	가점제 70%, 추첨제 30%
85㎡ 초과	가점제 50%, 추첨제 50%	85㎡ 이상	가점제 80%, 추첨제 20%

- 청약제도에 1~2인 거주 가구에 적합한 소형 주택(60㎡ 이하) 기준 신설
- 1인 또는 신혼부부 등 2030세대에게 적합한 주택 규모에 추첨제를 부활하여 내 집 마련 가능성을 높이고, 이를 바탕으로 주거 상향 이동과 자산축적 기회 제공
- 또한 장기간 청약 기회를 기다려온 가구원 수 3~4명 이상인 무주택 가구를 위해 85㎡ 초과 주택의 당첨 가능성을 높일 수 있는 가점제 확대

는 기준을 추가한 것도 개선된 점이라고 판단된다. 왜냐하면 25평형 이하 주택과 85㎡ 이하 주택은 시장에서 분명히 다른 세그먼트로 평가받기 때문이다. 60㎡ 이하에서는 추첨을 60%로 비중을 확 높이고 가점을 40%로 줄였으며, 60~85㎡ 중간 면적에서는 추첨 30%와 가점 70%로 가점 비중을 과거 75% 수준에 맞추는 방안을 택했다.

그리고 85㎡ 초과에서는 추첨 20%에 가점 80%를 적용했는데, 현실적으로 가점이 높은 가구가 부양가족 수가 많다는 것에 착안하여 대형 면적의 주택에 보다 쉽게 당첨될 수 있게 했다.

이런 청약제도의 변화는 앞서 2019년부터 발생한 2030세대의

기존 주택 매매 증가율을 고려한 결과다. 당초 2017년 8·2대책에서 청약 도태 세대가 만들어졌고, 이런 세대가 기존 주택을 적극적으로 매수하면서 2019년부터 소형 주택을 중심으로 하는 수도권 강세장에 힘을 보탰다. 문 정부에서도 이들 수요의 증가를 봤으나, 이들을 위한 대책이 청약제도의 원상 복귀가 아니었다는 점은 매우 반성해야 할 지점이 아닌가 싶다. 이런 청약제도의 개편은 2030세대의 수요 이연 측면에서 매우 중요한 정책 변화라고 할 것이다.

특별대우 받는 청년들

21대 대통령 선거에서만큼 30대 이하 세대가 중요하게 받아들여진 적은 많지 않았던 것 같다. 이들의 표심을 잡기 위해 많은 공약이 발표됐다. 주택 문제는 특히 이들 2030세대에게 중요한 이슈였기 때문에 윤 정부에서도 2030을 위한 주택 공급 정책을 공약집에 담았다.

윤 정부 부동산 공급 공약 중 청년들을 위한 공약은 두 가지라고 할 수 있다.

첫째는 청년원가주택 30만 호의 공급이다. 청년층에게 공공분양주택 수준의 주택을 공급하는데, 분양가의 20%만 내면 80%는 장기 원리금 상환을 통해서 나중에 내는 방식이다. 일반적인 분

윤 정부의 부동산 공약 중

▶ **청년원가주택 30만 호 공급**
- 청년층에게 공공분양주택을 건설원가 수준으로 공급하고, 분양가의 20%를 내고 80%는 장기 원리금 상환을 통해 매입
- 최초 수분양자가 5년 이상 거주 후 원가주택 매각을 원할 경우 국가에 매각하고 매매차익의 70%까지 돌려받게 하여 자산 형성 지원

▶ **역세권 첫 집 주택 20만 호 공급(민간개발연계형, 국공유지활용형)**
- 민간개발연계형은 민간 재개발·재건축사업의 용적률 상향(500%)을 통해 증가 용적률(200%)의 절반을 공공분양주택으로 기부채납 받아 청년, 신혼부부에게 반값으로 분양
- 국공유지활용형은 역세권에 위치한 철도차량기지, 빗물펌프장, 공영주차장 등의 도시계획시설 부지를 입체복합개발해 상부를 주택건설용지로 활용하여 공공분양주택을 반값으로 분양

양이 계약금-중도금-잔금의 형태로 계약 시 10%, 중도금 60%, 잔금 30%를 내는 것과 달리, 이런 형식은 주택가액 중 20%만 있더라도 구매할 수 있다는 점에서 실용적인 정책이라고 할 것이다.

혜택을 줬으니 의무도 있어야 하는데, 5년 이상 거주가 그에 해당한다. 다만, 수분양자가 5년 이상 거주 후 원가주택의 매각을 원할 때 국가에 다시 매각할 수 있게 하고, 매각차익의 70%까지를 인정해줌으로써 자산 형성을 지원할 계획이다.

두 번째 정책은 역세권 첫 집 주택으로 20만 호를 공급하는 것이다. 이는 기존 문 정부의 주택 공급 정책인 2·4공급대책에서 나온 도심공공주택복합사업과 결을 같이한다. 민간이 보유한 토지

의 경우에는 용적률 상향 인센티브를 주고 의무도 준다. 예를 들어 추가용적률을 주면서 주택을 추가 건설하게 하되, 그 절반을 공공분양주택으로 기부채납 받아서 청년과 신혼부부에게 반값으로 분양한다는 계획이다.

국공유지를 활용하는 것 역시 2·4공급대책 및 5·6공급대책의 연장인데, 국공유지를 활용해서 주택을 공급하겠다고 한 것이다.

이들 주택 공급은 2021년 말 기준의 주택 공급 계획인 200만 호 공급 계획에 포함된 내용이며, 그 내용을 개량한 정도다.

5장

부동산 대출,
규제에도 증가하는 이유

빚내서 집 사라
(7·24대책, 2014년)

2014년 7월, 최경환 경제부총리가 취임식에서 이런 발언을 했다.

"거시 정책을 과감하게 확장적으로 운영하고 한겨울에 한여름의
옷을 입고 있는 것과 같은 부동산 시장의 낡은 규제들을 조속히 혁
파해야 합니다."*

지금 들으면 확장적 경기 기조로 부동산 시장의 규제를 타파
해야 한다는 흔한 말로 들린다. 그러나 저 말은 그 유명한 '빚내서

---

*   KBS 뉴스, "금리 인하에 목멘 박근혜 정부…'빚내서 집 사라'", 2018. 10. 21, https://www.
       youtube.com/watch?v=4Fd2xc2K6EI

집 사라' 시대의 시작을 알리는 선언문이었다.

그의 취임식 발언과 이후의 인터뷰들은 전 세계가 완화적 통화정책으로 금리 인하를 선제적으로 쓰고 있는데, 한국만 높은 금리 수준을 유지하고 있으니 금리를 인하하기를 바란다는 뉘앙스로 들린다. 그래서 그의 발언은 훗날 한국은행의 독립성 이슈로까지 번지게 됐다.

당시 대부분 언론이 2011~2013년 부동산 시장의 침체기에 빚을 내서 집을 사라고 주장하는 정부의 발언을 비판하는 데 급급했다(언론은 늘 무언가를 비판한다). 대체 빚을 내서 집을 사라니? 모든 언론은 가계부채를 문제시했고, 그렇기에 빚내서 집 사라는 워딩은 언론으로부터 두들겨 맞기 쉬운 소재였다.

그러나 '빚내서 집 사라'는 너무나 현실에 부합하는 말이었다. 사실 부동산 시장 활성화 대책에서 대출이 빠질 수는 없다. 어느 시장이든 마찬가지지만 대출, 즉 신용은 구매력의 원천 중 하나이기 때문이다. 무주택 가구나 신혼부부 가구가 주택을 구입할 때는 청약을 받거나 담보대출을 받아서 주택을 구매하는 것이 일반적이다. 청약에 당첨되고 계약금을 납부하면 중도금 납부가 다가오는데 보통 중도금대출을 받는다. 또는 주택담보대출을 받아서 기존 주택을 매수하기도 한다. 그만큼 대출은 주택을 구입할 때 실과 바늘처럼 같이 가는 존재이니 빚내서 집 사라는 말은 상당히 현실적인 발언이었다.

🏠 상환 여력을 기준으로 하는 LTV와 DTI

가계나 법인 등 대출을 하는 주체를 '차주'라고 한다. 대출을 할 수 있는 차주의 여력을 은행권이 규제하고 있는데 그중 가장 자주 활용되는 것이 LTV, DTI 기준이다.

- LTV Loan To Value: 담보 대비 대출 비율을 의미한다. 예컨대 6억 원의 부동산에 3억 원의 대출을 받는다면 LTV는 50%가 된다.
- DTI Debt To Income: 소득 대비 원리금 상환 비율을 의미한다. 예컨대 연 소득 5,000만 원인 사람이 매년 2,000만 원의 원리금을 상환한다면 DTI는 40%가 된다.

2014년 중반까지 주요 은행들의 주택담보대출은 LTV 50%와 DTI 50%라는 기준으로 운용되고 있었다. 그런데 정부가 2014년 7월 24일에 금융 대책을 발표하면서 금융권의 주택담보대출 한도를 일제히 완화했다. LTV도 70%로 20%p 완화하고 DTI는 60%로 10%p 완화한 것이다. 가계의 구매력이 기술적으로 급상승한 순간이었다.

특히 LTV의 변화는 주택 시장 참여자의 구매력을 크게 상승시켰다. 예를 들어, 자기자본 3억 원을 소유한 이는 종전에는 최대 6억 원의 주택을 구입할 수 있었다. LTV 50%가 한도이기 때문이다. 그런데 7·24대책 후 3억 원을 소유한 이는 자기자본 3억과 타인자본 7억을 합쳐 최대 10억 원의 주택을 구입할 수 있었다. LTV가 70%로 완화됐기 때문이다. 살 수 있는 주택 가격의 한도가 6억 원에서 10억 원으로, 1.7배 이상 높은 가격의 주택을 살 수 있게 된 셈이다.

전세를 끼고 주택을 구입하는 다주택자들 사이에서도 이를 응용하여 전세금에다 주택담보대출을 추가로 받아서 LTV 70%를 만드는 일이 흔했다. 예를 들어 재건축 초기 단계 아파트들은 주택이 노후해서 임차료가 낮았다. 그래서 시세는 10억 원인데 전세는 4억 원인 주택이 적지 않았다. 다주택자들이 이런 주택을 전세를 끼고 구입하기도 쉬웠다. 전세 4억에 자기자본 3억을 투입하고 3억 원의 주택담보대출을 받아 LTV 70%를 맞추면 되기 때문이다.

다주택자들은 당시 서울의 최고가 아파트들도 이런 식으로 사들이기 시작했다. 예를 들어 반포의 시가 18억 원짜리 아파트인 반포주공124지구를 '6억 원 전세+6억 원 대출+6억 원 자기자본'으로 맞추어서 매수하던 시기였다. 이런 구매는 LTV 50%인 시절에는 현실적으로 불가능했는데, LTV가 70%로 완화되면서 활성화된 것이다.

🔍 빛내서 집 사는 시대

주택담보대출을 통한 가계대출이 확대되면, 자연스럽게 주택 가격의 상승 압력이 높아진다. 이런 사이클은 이때가 처음이 아니라, IMF 이후인 2000년대에도 존재했었다. 주택담보대출 시장이 처음으로 제도적으로 열리면서 금융권의 주택담보대출을 통한 레버리지가 확대됐고, 그 영향으로 노무현 정부 시절에 주택 가격이 급상승했었다.

2014년의 7·24정책은 그래서 2010년대 주택담보대출 레버리지 사이클의 시작을 의미했다. 이 사이클은 2017년 8·2대책이 나오고 나서야 주택담보대출 증가 속도가 크게 둔화하면서 종료

그림 5-1 **주택담보대출과 전세대출의 증가 추이**

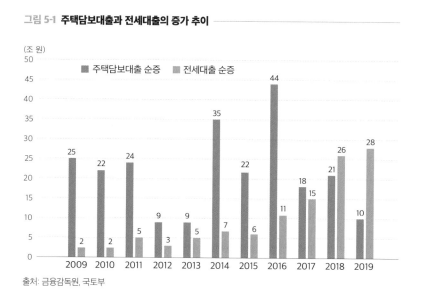

출처: 금융감독원, 국토부

했다.

2013년 한 해 총 9조 원이 증가했던 주택담보대출은 2014년 한 해에만 36조 원으로 전년 대비 무려 4배나 증가하면서 결과적으로 가계대출 규모가 급증했다. '빚내서 집 사라'라고 하니 '빚내서 집 사는' 시대가 열린 것이다.

DSR과 대출총량제라는
쌍두마차

2021년 8월, 국내 주택 시장은 일대 충격에 휩싸였다. NH농협은행이 주택담보대출, 전세대출, 집단대출 등 부동산 관련 신규 대출을 전면으로 중단했기 때문이다. 이후 다른 은행들 역시 대출 중단을 전격적으로 시행했다. 예컨대 하나은행은 10월부터 신용대출과 아파트론 일부 대출을 중단했고, 주택담보대출의 대환대출을 중단하기로 했다. 시중 주요 은행들이 대출 취급을 중단하자, 시장에는 대출이 되는 은행이 어디냐는 질문과 함께 신한은행이 대출을 취급해준다고 하면서 신한은행 창구로 대출을 받으러 달려가는 웃지 못할 일이 일어나기도 했다.

이때 등장한 개념이 '대출총량제'다. 대출총량제를 시행한 이유를 보니, 새로 취임한 금융위원장인 고승범 위원장 체제하에서 이미 4월에 가계대출 관리 방안이 발표됐다는 게 확인됐다.

2021년은 주택 시장에서 금융 규제가 얼마만큼 시장에 영향력을 행사할 수 있는지를 보여준 한 해였다. 그 시작은 4월 29일에 발표된 가계부채 관리 방안이었다.

🏠 소득과 연동하는 대출, DSR

가계부채 관리 방안의 시작은 DSR이었다. DSR은 'Debt To Service'의 약자로, 총소득 한도의 일정 비율만큼 전체 대출의 원리금 상환 비율을 정하여 상환 능력 기준의 대출한도를 운영한다는 것이다. DSR 이전에는 앞서 살펴본 LTV, DTI 기준이 있었다. 보통 부동산 담보대출의 경우 대출한도를 두며, 우리에겐 이것이 익숙한 개념이다. 예를 들어 서울 소재 5억 원짜리 아파트가 있다면 LTV 50%란 2억 5,000만 원 한도 내에서 대출을 받을 수 있다는 뜻이다.

주택담보대출은 LTV나 DTI를 통해서 관리할 수 있지만, 문제는 2020년부터 급증하기 시작한 신용대출과 전세대출이었다. 이런 대출이 매월 상당한 규모로 증가하고 있음에도 DTI가 적용되는 것이 아니다 보니 가계대출이 천정부지로 치솟은 것이다.

그림 5-2 **가계대출의 증가 추이**

	전 금융권 가계대출	증감액 (MoM)	은행권 가계대출	비은행권 가계대출	은행 (순수 주담대)	은행 (전세)	은행 (기타(신용))
2019.1.1	(0.2)		1.1	(1.3)	2.6		(1.5)
2019.2.1	1.3	1.5	2.5	(1.2)	2.4		0.1
2019.3.1	1.0	(0.3)	2.9	(1.9)	2.8		0.1
2019.4.1	5.1	4.1	4.5	0.6	3.6		0.9
2019.5.1	5.7	0.6	5.0	0.8	2.8		2.2
2019.6.1	5.2	(0.5)	5.4	(0.2)	3.9		1.5
2019.7.1	6.2	1.0	5.8	0.4	2.8	0.8	2.2
2019.8.1	6.3	0.1	7.4	(1.1)	2.2	2.5	2.7
2019.9.1	3.1	(3.2)	4.8	(1.8)	1.8	2.2	0.8
2019.10.1	8.1	5.0	7.2	1.0	2.2	2.6	2.4
2019.11.1	6.5	(1.6)	7.0	(0.4)	2.2	2.7	2.1
2019.12.1	7.6	1.1	7.2	0.4	2.1	2.5	2.6
2020.1.1	1.9	(5.7)	3.7	(1.8)	0.7	2.3	0.7
2020.2.1	9.1	7.2	9.3	(0.2)	4.1	3.7	1.5
2020.3.1	9.1	0.0	9.6	(0.5)	3.3	3.0	3.3
2020.4.1	3.0	(6.1)	4.9	(1.9)	2.4	2.5	(0.1)
2020.5.1	3.9	0.9	5.0	(1.1)	1.9	2.0	1.1
2020.6.1	8.5	4.6	8.2	0.4	2.6	2.5	3.1
2020.7.1	9.0	0.5	7.6	1.4	1.3	2.7	3.6
2020.8.1	14.0	5.0	11.8	2.2	2.7	3.4	5.7
2020.9.1	10.9	(3.1)	9.7	1.2	3.2	3.5	3.0
2020.10.1	13.2	2.3	10.6	2.6	3.8	3.0	3.8
2020.11.1	18.3	5.1	13.6	4.7	3.9	2.3	7.4
2020.12.1	8.5	(9.8)	6.7	1.8	2.7	3.6	0.4
2021.1.1	10.1	1.6	7.6	2.5	2.6	2.4	2.6
2021.2.1	9.5	(0.6)	6.7	2.8	1.6	3.4	1.7
2021.3.1	9.1	(0.4)	6.5	2.6	2.8	2.8	0.9
2021.4.1	25.4	16.3	16.0	9.4	2.5	2.7	10.8
2021.5.1	(1.8)	(27.2)	(1.5)	(0.3)	2.2	2.3	(6.3)
2021.6.1	10.1	11.9	6.3	3.8	4.1	2.2	3.7
2021.7.1	15.2	5.1	9.7	5.5	4.7	2.8	7.7
2021.8.1	8.5	(6.7)	6.2	2.3	3.1	2.8	0.3
2021.9.1	7.8	(0.7)	6.5	1.3	3.2	2.5	0.8
2021.10.1	6.1	(1.7)	5.2	0.9	3.1	2.2	(0.1)
2021.11.1	5.9	(0.2)	2.9	3.0	0.9	2.0	0.0
2021.12.1	0.2	(5.7)	(0.2)	0.4	2.0	1.8	(4.0)

출처: 금감원 가계대출 동향(매월 둘째 주)

그래서 이 부분을 강조하기 위해 금융위가 4·29대책을 통해 DSR을 2022년 1분기부터 적용하겠다고 발표했다. 그러다가 2021년 10월, 금융위는 대출 증가 속도가 너무 가파르다며, DSR 적용 시기를 다시 앞당겨서 발표했다. 그것이 2차 가계부채 관리 방안 발표이며, 이 시기를 기준으로 대출을 받기가 매우 빡빡해졌다.

표 5-1 차주 단위 DSR 단계적 확대 도입 계획

	현행	1단계(2021.7)	2단계(2022.7)	3단계(2023.7)
주택담보대출	투기·과열지구 9억 원 초과 주택	① 전 규제 지역 6억 원 초과 주택	총 대출액 2억 원 초과 (①/② 유지)	총 대출액* 1억 원 초과 (①/② 폐지)
신용대출	연소득 8,000만 원 초과 & 1억 원 초과	② 1억 원 초과		

* 총 대출액 판단 기준: 원칙적으로 모든 가계대출의 합(단, 소득 이외 상환재원이 있는 대출은 제외. 한도대출의 경우 한도액을 대출액으로 계산)
※ 4·29대책 발표, 차주 단위 DSR은 2022년 7월부터 시행할 예정이었다.
출처: 금융감독원

표 5-2 차주 단위 DSR 2·3단계 조기 시행(2단계 2022.1부터, 3단계 2022.7부터)

	2021.7 이전	1단계(현행)	2단계 (2022.7 → 2022.1)	3단계 (2023.7 → 2022.7)
주택담보대출	투기·과열지구 9억 원 초과 주택	① 전 규제 지역 6억 원 초과 주택	총 대출액 2억 원 초과 (①/② 유지)	총 대출액 1억 원 초과 (①/② 폐지)
신용대출	연소득 8,000만 원 초과 & 1억 원 초과	② 1억 원 초과		
대상	신규 취급 주택담보대출의 8.8%	신규 취급 주택담보대출의 12.4%	전 차주의 13.2%, 전 대출의 51.8%	전 차주의 29.8%, 전 대출의 77.2%

※ 현행: 차주 단위 DSR 2단계 2022.7 시행, 3단계 2023.7 시행 예정
※ 차주 단위 DSR 확대 적용 계획을 2022년 1월로 앞당겨 조기 시행
출처: 금융감독원

문제는 1차 발표에도 불구하고, 가계대출 증가 속도가 누그러지지 않았다는 점이다. 2021년 상반기는 가계대출 수요가 급증했고, 주택담보대출뿐 아니라 전세대출, 신용대출 및 기타대출의 수요마저 폭증했다. 이에 금융위는 당초 2022년 7월 시행 예정이던 차주 단위 DSR을 2022년 1월부터 시행한다고 발표했다. 차주 단위 DSR이 시행되면 전체 차주의 13%, 전체 대출의 51.8%가 적용 대상이 되어서 대출 규제를 받는 차주가 DSR 시행 이전 대비 4배 정도 증가하게 된다. 그리고 2022년 7월이 되면 DSR 3단계가 적용되면서 전체 대출의 77%, 전체 차주의 약 30%가 대출 규제 적용을 받게 된다.

🏠 가계부채의 수준과 연동되는 대출총량제

　두 번째 규제가 대출총량제였다. 앞서 봤듯이, 대출총량제는 시중은행이 대출상품을 일정 기간 중단할 수 있음을 보여주면서 상당히 파급력 있는 규제임을 명확히 했다.

　대출총량제가 나온 배경은 이렇다. 2016년 연간 11.6%의 증가율을 보인 가계신용 증가율이 점차 감소하기 시작해서 2019년에는 약 4.1%까지 줄었다. 그런데 2020년에 다시 7.9%로 증가하면서 가계신용이 GDP의 100%를 넘긴 것이다. 그래서 정부는 대출 증가율의 목표를 약 4%로 규정하고, 2021년에 한해서는 5~6%를 허용하더라도 2022년 이후부터는 4% 수준의 대출 목표가 유지되도록 관리하겠다는 것이었다. 이것이 대출총량제다. 이 정책 목표하에 2021년 하반기부터 시중은행에서 주택담보대출 및 신용대출을 중단한 은행들이 나온 것이다.

대출총량제의 영향은 컸다. 소비자들이 즉시 느낄 수 있었기 때문이다. 대출총량제는 단순히 주택 가격 상승을 억제하기 위해서만 도입된 것이 아니다. 가계부채의 수준과 규모가 우리 경제 전체를 위협할 수 있는 수준만큼 올라갔다는 점에서 나타난 규제다. 따라서 단순히 부동산 규제를 완화한다는 측면에서 마냥 두고 볼 수만은 없는 일이었다.

그런 이유로 DSR 규제 완화는 윤석열 정부의 공약에 실릴 수 없었다. 이 부분은 차후 논의를 해나가야 할 부분이라고 생각된다.

다주택자를 규제하는데
왜 실수요자가 피해를 보나

2016년 11·3대책을 무시하듯 시장은 상승세를 이어갔다. 그 와중에 시장을 일제히 긴장하게 만드는 인물이 등장했다. 2017년 대선에서 민주당이 정권 재창출을 이루면서 사회수석으로 등장한 사람은 바로, 노무현의 남자이자 2005년 8·31부동산대책을 발표하면서 종부세를 한국에 도입한 김수현이었다. 그가 쓴『부동산은 끝났다』라는 책은 베스트셀러가 됐고, 앞으로 어떤 형태의 대책이 나올지 실마리를 얻기 위해 모든 언론이 그의 일거수일투족을 지켜봤다. 그의 별명은 '왕수석'이었는데, 그 단어가 당시 그의 입지를 대표했다고 해도 과언이 아니다. 그래서 시장은 김수현 수석이 주도하는 부동산 정책에 긴장감을 느끼는 상태로 정부 출범을 지켜보고 있었다.

🔍 문정부의 초반 정책이
시장에 준 메시지

문재인 정부가 출범할 때는 인수위가 없었기 때문에 지금처럼 어떤 정책을 펼지에 관한 정보가 많지 않았다. 정부 출범과 함께 2017년 문 정부의 대통령 공약 100대 과제가 발표됐고, 시장은 떨리는 마음으로 100대 과제를 살펴봤다. 그런데 그 안에서 부동산 정책은 너무나 미미했다. 도시재생과 관련된 내용이 거의 전부였고, 그나마 통근·통학 시간을 줄이겠다는 내용이 부동산과 가까운 내용이었다. 부동산에 대해서 '나 관심 없음'이라고 하는 것과 같은 메시지가 시장에 전달됐다.

시장은 2017년이 무려 9년 만의 정권교체이고, 노무현 정부 시절의 인사들이 중용되면서 과거의 정책이 반복될 것을 우려하며 숨을 죽여왔다. 그런데 대통령 100대 과제에서 부동산과 관련하여 특별한 메시지가 없었던 것이다. 그래서 시장은 '새로운 정부 역시 부동산 부양 의지가 있는 것'으로 인식했다. 그래서일까, 규제 정책 발표에 대한 우려를 뒤로하고 5~6월부터 주택 시장은 다시 상승하기 시작했다. 이른바 '안도 랠리'라고 불리는 상승세였다.

그러자 2017년 6월 19일, 정부는 5~6월에 더욱 거세진 주택 시장의 과열을 잡기 위해 새 정부 최초의 대책인 6·19대책을 발표했다.

6·19대책은 박근혜 정부 시절 완화했던 주택담보대출에 대한 규제를 다시 강화하는 내용이었다. 이 중에 핵심은 LTV와 DTI의 대출 조건을 강화하는 것이었다. LTV 70%를 60%로 10%p 낮추고, 60%로 완화됐던 DTI도 50%로 낮추는 것이었다. 그런데 당시 분위기상에서 문 정부의 첫 번째 대책은 너무나 솜방망이였다. 왜냐하면 종전 이명박 정부 시절의 LTV 50%를 박근혜 정부 때 70%로 20%p 완화해주며 활성화했는데, 문재인 정부는 이를 다시 60%로 10%p만 조정하는 것이었기 때문이다. 즉, 여전히 LTV 60%는 완화적인 대출 환경을 만들 만한 수치였던 것이다.

청약조정지역이라는 개념이 당시부터 보다 본격화됐다. 원래의 청약조정지역은 종전 6·19 때 발표한 37개 지역(서울 25개 구, 경기 6개 시, 부산 5개 구, 세종)에 새롭게 3개 지역이 추가됐는데, 경기도 광명시 전체와 부산의 기장군 및 부산진구다. 당시는 부산 역시 정비사업을 중심으로 가격 강세를 펼치던 시기여서 청약조정지역에 이들 지역이 추가 편입된 것이다. 이로써 서울은 전 지역이, 부산은 15개 구·군 지역에서 7개 지역이 편입되면서 타 광역시에 비해 규제 지역이 가장 많은 도시가 됐다.

동시에 청약조정지역의 분양권 전매제한 규정도 강화됐다. 종전에는 강남 4구와 과천을 제외하고는 1년 6개월(18개월)이 지나면 분양권 거래를 할 수 있었는데, 6·19대책에서는 모든 청약조정지역에서 분양권 전매를 소유권 이전 시까지 할 수 없도록 강화했다.

6·19대책이 발표됐으나, LTV 10%p 강화와 청약조정지역 3개추가 그리고 분양권 전매제한 강화가 주요 내용이었다. 그냥 '열기' 정도를 식히고자 하는 수준이지, 시장에 특별한 메시지가 전달된 것이 아니었다. 그러자 시장은 이 정도 수준의 규제는 아무런 영향을 줄 수 없다는 듯이 다시 상승하기 시작했다. 특히 재건축 아파트나 재개발 입주권 투자가 성행했다.

🏠 강화되는 규제, 위축되는 시장

그런데 6·19대책에서부터 주택 시장의 안정을 위해 대출 시장을 규제하면서, 반대로 실수요자의 구매력이 위축되는 현상이 나타나기 시작했다. 시장을 안정적으로 만들기 위해 시작한 규제인데 오히려 실수요자들에게 비판받는 지점이 생겨난 것이다. 종전에는 주택을 살 때 70%까지 빌릴 수 있다가 이제는 60%까지만 빌릴 수 있게 된 무주택 실수요자들은 이 시점부터 볼멘소리를 했다. "현금부자들만 집을 사라는 얘기냐" 등 아우성이었다. 이때까지는 그래도 낮아진 정도가 10%p여서 신용대출 등을 더 받으면 해결할 수도 있는 수준이었기 때문에 대출을 받아 주택을 사야 하는 실수요자들은 버틸 수 있었다.

그런데 곧바로 8·2대책이 나오면서 서울 전역, 경기도 광명, 경기도 분당, 대구 수성, 세종시를 비롯한 지역이 투기과열지구로 지정됐다. 이 투기과열지구에선 LTV가 40%로 낮아져 실수요자들의 구매력이 상당히 위축됐다.

지난 2014년 7·24대책 때는 LTV가 70%로 완화되면서 실수요자들의 구매력이 높아졌다. 그런데 2017년 8·2대책을 통해 LTV가 40%로 강화되자 구매력이 낮아질 수밖에 없었다. 말 그대로 현금부자들만이 집을 살 수 있었다.

구매력이 위축된 실수요자들은 어쩔 수 없이 미리 전세를 끼고 주택을 매수한 뒤, 나중에 대출 규제가 완화되면 대출을 더 받거나 자본을 모아서 해당 주택에 들어갈 수밖에 없게 됐다. 예를 들어 9억 원짜리 주택이라면, 대출이 3억 6,000만 원(LTV 40%)만 나오기 때문에 그 집을 매수하려면 자기자본 5억 4,000만 원이 필요하다. 그런데 9억 원의 주택에 전세가가 6억 원인 상황일 경우 전세 끼고 매수하면 자기자본 3억만 있으면 된다. 그래서 무주택자들은 8·2대책 이후에 주택을 전세 끼고 미리 사는 선택을 점차 늘려나갔다. 8·2대책은 대출을 끼고 주택을 구입할 실수요자들을 전세 끼고 갭 투자를 하게 만든 최악의 부동산 정책 중 하나였다.

집을 어떻게
대출 없이 사나요?

다주택자 규제를 처음 발표한 2017년 8·2대책에서 실수요자들은 잠시 정신이 멍해지는 기분을 느꼈다. 투기과열지구의 주택담보대출 한도가 종전 60%에서 40%로 20%p 하향 조정되어서 집을 사는 데 자기자본이 더 필요해졌기 때문이다.

🏠 1주택 갭 투자자가 등장한 배경

정책 발표와 함께 곳곳에서 문의가 이어졌다. 매수계약서를 썼냈는데 주택담보대출을 받을 수 있느냐 하는 것이었다. 매수계약만 쓰고 은행에 주택담보대출을 신청하지 않은 사람들은 벼랑 끝에 내몰리는 심정이 됐다. 불과 어제까지만 해도 60%를 빌려서 집을 살 수 있었는데, 오늘 당장 40%만 빌리도록 제도가 바뀌었으니 말이다.

2017년에 첫 주택을 구입한 나 역시 바로 직전 6·19정책으로 주택담보대출 한도가 70%에서 60%로 줄어드는 과정에서 어려움을 겪었다. 5월만 해도 주택 가격의 30%만 있으면 집을 살 수 있었는데, 6월부터는 40%가 필요해져 부담이 증가하더니, 8월부터는 주택 가격의 60%가 있어야 집을 살 수 있는 시대가 되면서 자기자본 조달 요구액이 폭증했다. 자기자본 필요액이 2배가 된 것이다.

예를 들어, 7억 원의 서울 소재 주택을 구입할 때, 6·19 이전에는 70%인 4억 9,000만 원까지 주택담보대출을 받을 수 있었다. 즉, 자기자본 2억 1,000만 원이 있으면 주택을 살 수 있었다. 그러다가 6·19정책 발표 후에는 60%인 4억 2,000만 원까지 대출이 가능했다. 그런데 8·2대책 이후에는 2억 8,000만 원만 대출이 가능했으니 자기자본 4억 2,000만 원이 있어야 했다. 6·19 전에는 2억 1,000만 원이면 됐는데 8·2 이후 4억 2,000만 원이 필요해졌으니 주택의 매수 부담이 2배로 증가한 것이다.

애초에 8·2대책의 목적은 다주택자를 규제하는 것이었다. 정부는 다주택자가 대출을 일으켜서 주택을 매입할 것으로 생각했던 걸까? 다주택자를 규제한다고 해놓고 대출 한도를 지역 중심으로 한 것은 맥락이 잘 맞지 않는다는 점에서 아쉬움이 많은 정책이다.

이 정책의 여파는 예상치 못한 형태로 나타났다. 앞서도 말했듯이, 투기과열지구에서 대출을 받아 주택을 구매하는 것이 어려워지자 전세를 끼고 주택을 먼저 구입하는 흐름으로 이어진 것이다. 이것이 2019년 이후 나타난 주택 시장의 가장 큰 특징인데, 실수요자들도 이 흐름에 동참하는 비중이 점점 커졌다. 이 흐름을 정부는 '1주택 갭 투자'라고 불렀는데, 1주택 갭 투자자는 2021년까지 주택 매매 거래 시장에서 가장 거대한 존재였다.

🔍 대출 규제 완화와 청년·신혼부부 지원

이런 상황을 파악한 윤석열 정부는 강화된 대출 규제를 완화하기 위해서 대출 제도를 손보는 공약을 발표했다.

가장 큰 내용은 LTV 규제를 단순화하는 것이다. 현재의 LTV 규제는 투기과열인지, 청약조정인지 등 지역에 따라 기준이 다르다. 이에 대출 한도에서 지역 개념을 없애고, 전체적으로 LTV 70%를 유지할 수 있도록 완화한다는 방침이다. 다만, 다주택 보유자에 한해서는 대출한도를 현재와 같이 40%, 30% 등으로 차등화하여 다주택자가 대출을 추가로 받기 어렵게 하는 정책은 유지한다.

윤 정부의 부동산 공약 중

▶ **LTV 규제의 합리적 개편**
- 생애 최초 구택 구매 가구의 LTV 상한을 80%로 인상하여 자산이 부족한 청년, 신혼부부 등의 내 집 마련 기회 확대

▶ **LTV 규제를 단순화하고, 주택 수에 따른 규제 방식으로 전환**
- 생애 최초 주택 구매 가구가 아닌 경우 LTV 상한을 지역과 관계없이 70%로 단일화하여 실수요자의 주거 상향 이동을 위한 주택 구매 수요 충족
- 다주택 보유자에 대해서는 보유 주택 수에 따라 LTV 상한을 40%, 30% 등으로 차등화

둘째는 생애 최초 주택 구입 가구의 LTV는 80%에 이를 정도로 한도를 열어놓는다는 것이다. 이렇게 함으로써 청년 및 신혼부부의 자기자본 마련에 대한 부담을 낮추기로 했다. 청년과 신혼부부인데 주택 가격의 80%를 현재 시세대로, 현재의 대출한도에서 대출을 받는 것은 큰 부담이기 때문에 이들을 위한 디딤돌 대출 성격의 대출을 운용하기로 했다.

신혼부부에게는 4억 원의 한도에서 3년간 저리 금융지원을 하고 출산하면 5년 더 연장한다는 내용이며, 생애 최초 주택 구입자에게는 3억 한도에서 3년간 저리 금융지원을 한다는 것이다. 아마도 이런 내용은 그동안 있었던 디딤돌 대출에서 착안했을 것으로 본다.

전세의 경우에도 최근 임차료 상승으로 부담이 커졌기 때문에

윤 정부의 부동산 공약 중

▶ **신혼부부 또는 생애 최초 주택 구매자 내 집 마련 금융지원 강화**
- 신혼부부 4억 원 한도에서 3년간 저리 금융지원(출산 시 5년까지 연장)
- 생애 최초 주택 구매자(신혼부부 아닌 경우) 3억 원 한도에서 3년간 저리 금융
  지원

▶ **청년, 신혼부부 전세대출 및 대출 상환이자 지원**
- 신혼부부 전·월세 임차보증금 대출을 보증금의 80% 범위에서 수도권 3억 원,
  그 외 지역 2억 원까지 상향 조정하고 저리 자금을 2년간 지원(4회 연장, 최장
  10년 이용 가능)
- 일정 소득 이하(중위소득 120% 이하) 청년층에 대한 임차보증금 최대 2억 원
  을 저리 자금으로 2년간 지원(4회 연장, 최장 10년 이용 가능)

이를 보조하는 정책을 냈다. 신혼부부의 경우 전·월세 임차보증금 대출을 보증금의 80% 범위에서 수도권 3억, 지역 2억 원까지 상향 조정하고, 저리 자금을 2년간 지원하고 최대 4회 연장하여 최장 10년간 이용할 수 있도록 하겠다는 것이다.

윤 정부의 대출 관련 주된 공약은 지역 및 소득과 무관하게 기본적으로 담보대출의 한도를 LTV 70%로 유지하여 매우 완화된 대출 환경을 조성한다는 점이다. 다만, 현재의 높아진 주택 가격 및 대출금리하에서 대출한도를 모두 채워 주택담보대출을 받을 경우의 위험도 생각해봐야 한다. DSR 등 부채 상환 역량을 고려해 대출할 수 있도록 대출 제도를 개선할 필요가 있다.

차주 개념을 깨달은 자와
깨닫지 못한 자

2017년 8·2대책에서부터 대출 규제가 시작됐다. 투기과열지구는 종전 LTV 60%에서 신규 40% 지역으로 강화됐고, 다주택자는 대출을 10%p 강화해서 적용했다.

2019년 12·16대책에서는 더욱더 강화된 대출 규제를 적용했다. 투기과열지구의 9억 초과 대출에 대해서는 LTV가 20%로 감소하고, 15억을 넘는 초고가 주택에 대해서는 0%만을 허용한다는 말 그대로 충격적인 대출 규제였다. 그런데 이런 대출 규제에도 불구하고, 가계대출은 지속해서 증가했다.

대출 규제 완화가 시작된 시점은 박근혜 시절이던 2014년으로, 7·24정책과 함께였다. 이 정책이 시행되면서 2015년에는 가계대출 증가율이 10.9%로 높아졌고, 2016년에는 11.6%에 이를 정도로 대출 사이클이 확장됐다. 대출 규제를 다시 시행한 것은 2017년 8·2대책부터라고 보면 되는데, 그 영향으로 2017년부터는 대출 증가율이 감소하는 추세를 보였다. 물론 대출 규제를 시작하면서부터 대출 증가율이 감소한 것은 사실이나, 가계신용의 증가 속도는 2019년 주택 시장이 단기 하락세를 시현했던 시기를 제외하고는 매년 상당 규모로 증가했다.

대출 규제에도 불구하고 가계대출이 증가하는 현상을 어떻게 설명해야 할까? 〈그림 5-3〉만 보더라도 증가율의 차이는 있을

그림 5-3 **가계신용 증가 추이**

출처: 금융감독원

지언정 가계대출이 감소한 적은 없다. 또 누적된 대출 규모가 커질수록 낮은 증가율이라도 과거보다 더 큰 금액일 수 있는데, 현재가 그런 상황이다.

🔎 정책의 빈틈을 파고든 법인 설립 방법

대출 규제에도 불구하고 대출을 무리 없이 받은 사람들이 있는데, 바로 '차주' 개념을 파악한 이들이다. 차주란 '대출을 받은 사람'을 의미하는데, 차주를 달리한다면 개인으로서 받지 못했던 사람도 대출을 받을 수 있다. 차주를 개인으로 한정 짓는 것이 아니라 법인으로 확장해서 생각하면 된다. 2017년 8·2부동산대책 이후부터 나타난 큰 변화 중 하나가 투자 목적의 법인을 설립하는 것이었는데, 이 경우 차주는 개인과 법인 두 가지로 나눠진다.

직장에 다니면서 부동산 갭 투자를 해놓은 A가 있다고 하자. 이 사람은 1기 신도시 지역에 3억 원짜리 아파트를 2억 5,000만 원의 전세를 끼고 5,000만 원으로 매입했고, 매수 후 5년이 지나자 아파트는 6억 원이 됐다. 전세는 소폭 올라 3억 원이 됐다고 하자. 이 지역이 조정지역이 되어서 LTV 한도가 50%가 된다고 한다면, 개인 A는 이 주택을 담보로 LTV 한도 50%가 이미 찬 상황이기 때문에 추가 대출을 받을 수가 없다. A라는 개인 차주에 대해서는 LTV 50%를 적용했고 한도가 찼기 때문이다.

그런데 A가 부동산 투자 목적의 법인을 설립한 상태이고, 이 법인의 운영 자금을 조달하기 위해서 그 부동산을 담보로 대출을 신청한다고 하자. 이 경우 차주가 개인 A에서 그가 소유한 법인으로 바뀌는데, 법인은 별도의 대출한도를 적용받는다. 2020년 이전에는 보통 85% 수준이었다고 생각하면 될 것이다. 따라서 A가 소유한 법인은 이 주택을 담보로 약 35%p에 해당하는 금액의 대출을 추가로 일으킬 수 있다. 그리고 이런 자금을 실제로 법인을 운영하는 데 쓰는 것이 아니라, 근린상가 및 아파트형공장 등을 매수하는 재원으로 활용하기도 한다. 이렇게 부동산을 적극적으로 매수해놓고 주택 가격이 상승했을 때 다른 차주를 활용해서 대출을 일으키는 사례가 드물지 않다.

2019년 우리나라에 나타났던 법인 부동산 투자의 핵심은 시장에 '차주'의 개념을 확실히 퍼트렸다는 것이 아닐까 싶다. 예를 들어, 2018년 9·13정책에서 개인이 조정지역에서 주택임대사업자로 등록할 때는 혜택이 소멸했으나, 법인이 조정지역에서 주택임대사업자로 등록할 때는 세제 혜택을 받을 수 있었다. 주체가 달랐기 때문이다. 그 법인이 실제 개인 100% 소유의 1인 기업이라고 하더라도 아무런 규제를 받지 않았고, 규제가 범벅이 된 개인과 비교할 때 매우 유리한 포지션을 취할 수 있었다. 심지어 이 시기에 개인은 대출 규제로 LTV 40%를 적용받았는데, 법인은 은행 자율적 한도 규제를 적용하던 터라 서울 소재 아파트의 경우에는 90%까지 대출받는 경우가 빈번했다. 법인에 대한 규제는 2020년 6월 17일이 되어서야 시작됐고, 이후 2020년 7·10대책 때 강화됐다. 만 3년이 넘도록 법인을 활용할 수 있었다는 사실이 중요하다.

정부는 가계부채 관리 방안을 계속해서 내놓고 있다. 그러나 이는 '가계'부채 관리 방안이다. 기업부채 관리 방안이 아니기에 법인은 이런 규제를 상대적으로 덜 받는다. 그러니 개인 투자자들이 법인을 여러 개 설립해서 가계부채 관리 방안을 회피할 수 단을 계속해서 개발할 가능성이 크다. 대출 규제 등에도 불구하고, 정책의 허점을 이용하는 플레이는 앞으로도 지속될 것이다.

6장

영원한 논쟁의 떡밥,
부동산 세금

7·10 시대에
산다는 것

2020년 7월 10일 발표된 7·10정책은 부동산 정책이라고 하지만, 사실은 세제정책의 총아라고 할 만하다. 7·10에서 정부는 주택의 취득 과정, 보유 과정, 처분 과정이라는 생애주기 전체의 세금을 일제히 상향 조정했다.

🏠 부동산 생애주기에 걸친 세금 제도

7·10의 영향은 장기간에 걸쳐 서서히 작동되는 구조로 되어 있다.

먼저 취득세를 보자면, 조정지역 2주택자 또는 비조정지역 3주택자부터 일반 주택의 취득세율인 1~3%가 아니라 8%를 적용받게 되어 있다. 조정지역 3주택자부터는 12%의 취득세율을 적용받는다.

그러므로 현 7·10 세제상 1기 신도시 재건축을 활성화하고 주택임대사업자 제도를 활성화한다고 하더라도, 당장 취득세율을 낮춰주지 않는다면 주택임대사업자 및 다주택자는 지방세 포함 13.4%의 고가 취득세를 내야 한다. 이렇듯 취득세 중과 규정은 매우 강력한 규제 중 하나다.

보유세 역시 다주택자에게 적용하는 세율은 그야말로 원본이 잠식되는 수준으로 높아졌다. 먼저 재산세의 경우, 세율은 그대로지만(0.1~0.4%) 공시가액의 상승과 함께 세금도 큰 폭으로 상승했다. 이는 주택을 소유한 모든 국민이 내는 세금이므로 종부세보다 더 큰 부담으로 다가왔다.

종부세는 부유세 성격으로 초고가 부동산을 보유한 부자들에게 과세한다는 취지의 세금이다. 그런 취지에도 불구하고, 막상 종부세에 노출된 가구는 보유한 자산의 원금이 잠식되는 수준의 세금을 내게 됐다. 원본이 잠식된다는 것은 사유재산이 장기간에 걸쳐 국가로 귀속된다는 것이어서 자본주의의 기본 원리를 침해한다는 우려까지 나올 정도였다. 예를 들어 2% 성장하는 국가에서 자산 가격 3%만큼의 세금이 부과된다면 장기적으로 원본이 잠식되는 것이고, 이는 말 그대로 사유재산제도의 뿌리를 훼손하는 것이라는 내용이다.

마지막으로 양도소득세는 2021년 1월부터 조정지역 2주택자에게는 '기본세율+20%p'의 세율이 적용됐고, 3주택자 이상에게는 '기본세율+30%p'의 세금이 적용됐다. 이에 따라 소득세 기본세율인 6~45% 구간에 3주택 이상자는 30%p를 더해서, 최대 구간에 진입한 경우에는 45%+30%로 75%의 1.1배를 곱한 최대 82.5%라는 상상을 초월하는 수준의 세율이 적용된다. 이쯤 되면 매도자 몫의 차익이 거의 사라지는 수준이다.

　양도소득세를 완화해야 주택 매매 시장이 개선된다는 주장이 힘을 실은 것이 이때부터다. 그러나 양도소득세를 낮출 경우 주택 매매 거래가 활성화될 가능성은 있으나, 양도차익이 커지는 매도자들이 주택을 재매입할 경우에는 주택 시장 불안의 원인이 된다. 이는 2021년 서울시 자금조달 계획서를 통해서도 간접적으로 증명됐다.

　2021년 서울시의 자금조달 계획서 전체를 분석해보면, 주택을 구입하는 데 사용한 가장 큰 재원은 대출도 아니고 전세도 아니고 종전 부동산의 처분소득이었다. 전체 주택 구입 시 30% 넘는 자본이 기존 부동산 처분소득에서 나왔다. 이를 더 확대해본다면, 다주택자들이 양도소득이 확정됐을 때 처분소득의 급증으로 향후 주택 시장의 불안을 더 키울 수 있음을 의미한다.

🏠 세제 완화로 거래를 활성화할 방침

윤석열 정부는 세금에 대해 7·10과 정반대의 사고관을 갖고 있다. 큰 틀에서는 세금을 정상화하고 거래를 활성화하겠다는 생각이다.

먼저 취득세를 보면, 현재 1주택자의 세율이 1~3%인데 이를 단일세율로 조정할 계획이다. 조정지역 2주택 이상에게 적용되는 중과세율도 완화할 방침이라고 밝혔다. 아마도 일반 부동산의 취득세율인 4% 수준으로 완화하지 않을까 예상된다.

보유세 중 재산세에 대해서는 특별한 언급을 하지 않았다. 그러나 재산세 과세표준의 기준이 되는 공시가액을 2020년 수준으로 낮추겠다고 했다. 그러면 자연스럽게 재산세도 낮아진다. 종합부동산세는 단기적으로 세 부담을 낮추는 다양한 방법을 도입하고, 장기적으로는 지방세인 재산세와 통합하여 세제를 없애겠다고 공약했다.

마지막으로 양도세는 중과세율을 한시적으로 2년간 유예하겠다고 발표했다. 이후 인수위 시절에 1년간 적용한다 등으로 일부 변경됐으나, 골자는 한시적 유예를 적용한다는 것이다.

결국 세금 부분에서 다주택자라고 하더라도 큰 무리가 없도록 변경하겠다는 것이 핵심이다. 다만, 일반 다주택자 전체를 대상으로 완화하는 형식으로 가기보다는 주택임대사업자를 중심으로 하는 완화 정책을 다시 사용하게 될 가능성이 크다. 물론 일반 다주택자들을 대상으로도 완화는 해줄 것이다. 그러나 가장 강력한 혜택은 주택임대사업자에게 주어질 것이다. 왜냐면 주택임대사업자 제도에 대해서 정말 진심이기 때문이다.

기본세율만 있다면
얼마나 좋을까

부동산 시장에는 격언이 하나 있다. 초보는 팔고 나서 계산하고, 중수는 팔기 전에 계산하고, 고수는 사기 전에 계산한다는 말이다. 진정한 부동산 투자 수익은 세금을 내고 나서 생기는데, 여기서 초보·중수·고수의 차이가 난다. 그만큼 부동산에서 세금은 매우 중요한 이슈다. 문재인 정부 5년간 세금이 지속해서 강화됐다는 점에서, 그리고 높아진 세금으로 시장을 안정화하지 못했다는 점에서 세제정책이 실패라고 하는 사람들이 많아지는 것도 사실이다.

보통은 사람들이 돈을 벌고 그에 비례해서 세금을 내는 것을 당연하게 여긴다. 직장인들은 아예 탈세를 하기 어렵도록 원천징

수가 되고 세후 소득을 받게 된다. 이렇게 원천징수된 세금은 그 다음 연도 초에 연말정산이라는 과정을 거치면서 본인의 부양가족이나 여러 공제 혜택 등을 모두 적용한 후에, 최종적으로 내야 하는 실효세율로 정산을 한다. 그 과정에서 더 낸 사람은 돌려받고, 그렇지 않은 사람은 더 내게 된다. 그래서 직장인들은 탈세 가능성이 사실상 없다고 할 수 있다. 직장인의 지갑을 유리지갑이라고 부르는데, 너무 투명하기 때문이기도 하고 받자마자 돈들이 사라지기 때문이 아닐까 싶다.

🔍 종합소득세 산출 방법

프리랜서나 사업소득이 있는 경우에는 매년 5월에 종합소득세를 낸다. 여기서 종합소득세란 앞서 직장인들이 벌어들이는 근로소득을 포함하여 모든 소득의 종류를 다 더해서 총소득에 상응하는 소득세율을 내라는 의미다. 직장인 중에서도 다양한 수입 경로가 있는 사람(예를 들어 2016년의 나처럼 책을 출간해서 인세 수입이 들어온다거나 하는 경우)은 월급 외에 추가적인 소득이 있으므로 이 경우 5월에 종합소득세를 낸다. 근로소득세에서 원천징수하는 세율이나 종합소득세의 세율이나 사실은 동일한 세율이다. 이것을 '기본세율'이라고 한다.

기본세율은 총 과세표준액이 1,200만 원 이하인 경우에 세율

6%를 시작으로, 고액 연봉이라고 할 억대 연봉에 진입하면 약 35%의 세율 구간에 도달하게 된다. 이런 소득세는 누진과세 형식을 띤다. 누진세는 구간별 세율이 다르기 때문에 여러 구간에 해당할 경우 구간별로 세율을 따로 계산해야 하는데, 그러면 계산이 번거로워지므로 '산출세액 간편 계산표'를 이용한다.

예를 들어 연봉이 1억 원이라면, 이 사람은 1,200만 원 이하 구간, 1,200만 원 초과 ~ 4,600만 원 이하 구간, 4,600만 원 초과 ~ 8,800만 원 이하 구간, 8,800만 원 초과 ~ 1억 5,000만 원 이하 구간 등 5개 구간에 걸쳐 세율을 적용해야 하지만 각각 따로 계산하지 않고 '산출세액 간편 계산표'를 활용하면 된다. 즉, '1억 원(과세표준)×0.35'를 한 금액에 누진공제 차감 1,490만 원을 적용하는 것이다. 이 경우 소득세는 '3,500만 원-1,490만 원'이며, 세금은

표 6-1 기본세율과 산출세액

과세표준	세율(%)	산출세액 간편 계산표
1,200만 원 이하	6	과세표준 × 0.06
1,200만 원 초과 ~ 4,600만 원 이하	15	(과세표준 × 0.15) - 1,080,000
4,600만 원 초과 ~ 8,800만 원 이하	24	(과세표준 × 0.24) - 5,220,000
8,800만 원 초과 ~ 1억 5,000만 원 이하	35	(과세표준 × 0.35) - 14,900,000
1억 5,000만 원 초과 ~ 3억 원 이하	38	(과세표준 × 0.38) - 19,400,000
3억 원 초과 ~ 5억 원 이하	40	(과세표준 × 0.40) - 25,400,000
5억 원 초과 ~ 10억 원 이하	42	(과세표준 × 0.42) - 35,400,000
10억 원 초과	45	(과세표준 × 0.45) - 65,400,000

※ 산출세액은 과세표준에 세율을 곱한 값으로 과세표준 구간별로 세율을 적용함

출처: 국세청

2,010만 원이 된다. 총소득 1억 원 대비 실효세율은 '2,010만 원÷ 1억 원 = 20.1%'가 되는 것이다.

주택을 매각해서 매각차익이 났을 때도 이익이 생겼으니 과세 한다는 원칙에 따라 우리는 세금을 낸다. 그런데 이때 어떤 세율 을 적용해서 세금을 낼까?

이때 내는 세금도 '소득세'이므로 앞서 살펴본 기본세율에 따라 내게 된다. 종종 주택을 거래해서 세금을 내니까 '거래세'라고 하 는 사람도 있는데, 거래를 통해서 발생한 것은 맞지만 근본적으 로 이 수익은 소득이며 소득세를 내게 된다. 즉 주택을 양도해서 내는 세금이든 근로소득을 통해서 유리지갑으로 벌어들인 소득 이든, 우리는 기본세율의 세상에서 살아가는 것이다.

정권 따라 바뀌는 부동산 세금?

우리나라 주택 정책의 역사는 아주 오래다. 1960년대 이후 주택 정책이 지속해서 발표되어왔고, 60년 넘게 축적된 정책들이 이른바 정책은행처럼 국토부의 서랍에 고이고이 보관되어 있다.

큰 틀에서 부동산 정책은 안정화 대책과 활성화 대책으로 나뉜다. 안정화 대책은 수요 측면과 공급 측면으로 다시 나뉠 수 있다. 수요 측면의 안정화 대책으로는 거래와 관련하여 주택 거래 신고제, 투기과열지구 지정, 청약 자격 제한, 분양권전매제한 등이 있다. 조세와 관련해서는 세금(취·등록세와 양도세) 강화, 보유세 (재산세와 종합부동산세) 강화, 개발이익 환수제의 확대 적용, 주택 구입 자금 출처 조사와 자금조달 계획서 확대 등이 있다. 금융 규제로는 주택담보인정비율^{LTV} 강화와 총부채상환비율^{DTI} 강화, 총금융부채상환비율^{DSR} 강화 등이 있다.

안정화 정책 중 수요 정책은 문재인 정부 5년간 대부분 사용됐다. 그런데 수요 정책의 한 측면에 세금 정책이 존재하며, 정반대로 활성화 정책의 한 측면으로도 세금 정책이 존재한다. 활성화 세금 정책은 취득세와 양도세 완화, 보유세인 재산세와 종부세 감면, 임대소득의 감면 등이다.

이렇게 부동산 정책에서 세금 관련 정책은 부동산 시장 상황에 따라 반복해서 사용되어왔다. 주택경기가 침체 중일 때는 활성화 정책으로 세금 규제를 완화하고, 과열될 때는 안정화 정책으로 세금을 강화해왔다. 이는 문재인 정부만의 특징이 아니라 주택경기에 따라 다른 세제정책이 사용되어온 것이다.

🔍🏠 취득 단계에서 내는 세금: 취득세

부동산 세금에는 어떤 게 있을까? 먼저, 주택을 취득할 때 내는 세금인 취득세가 있다. 일단 취득세는 모든 부동산을 취득할 때 낸다. 취득의 방식은 여러 가지인데 유상취득으로 매매가 일반적이고, 무상취득으로 상속이나 증여도 포함된다.

일반적인 부동산 매매취득의 세율은 4%이며, 실거래가액을 기준으로 한다. 여기에 농어촌특별세와 지방교육세라는 항목이 가

산되어서 총 4.6%의 세금을 낸다. 토지를 사거나 건물을 살 때 내는 세금이 이것이다. 그런데 주택은 경감 조치 덕에 1~3%의 세금을 낸다. 단, 2020년 7·10정책에서 2주택 이상자는 8%, 3주택 이상자는 12%의 세금을 내도록 취득세가 강화됐다.

그림 6-1 **부동산 생애주기별 세금**

취득 단계	보유 단계	처분 단계

기본세율 4%
- 주택취득세 경감
  (주택 1~3%)
- 2주택 이상 취득세 중과
  (8%, 12%)
법인 취득세 중과
	재산세(물건별 기준)
	- 재산세 0.1~0.4%
	종부세(인별 기준)
	- 1세대 1주택(0.6~3.2%)
	- 조정 1세대 2주택
	  (1.2~6.0%)
	주택임대 시 임대소득 과세
	(소득세)
		매각차익 양도소득세(소득세)
		- 기본세율 6~45%
		- 중과세율 +20%p, +30%p
		- 단일세율 60%, 70%
		상속·증여세
		재건축 초과이익 환수

🏠 보유 단계에서 내는 세금: 재산세, 종부세

보유세로는 재산세와 종합부동산세가 있는데, 재산세는 물건별 기준의 세금이다. 물건별이란 소유 구조와 무관하게 일단 과세 대상 부동산에 세금을 부과하는 방식이고, 그 부동산의 소유자들에게 비율대로 배분되는 방식이다. 이른바 톱다운 방식의 세금이다.

종합부동산세는 반대로 인별 기준의 세금이다. 즉, 그 개인에게 과세 대상 부동산을 얼마나 보유하고 있는지를 물어서, 그 주택의 수가 1주택이라면 1세대 1주택 기준 과세를 하고, 2주택 이상인 경우 중과세율을 적용한다. 이에 종부세를 경감하기 위해 인사을 다양화하는 방식이 사용되어왔다. 법인을 만들거나, 부동산 신탁상품에 가입하거나 하는 등으로 인을 다변화해서 모든 인이 1주택인 것처럼 만드는 방식을 쓸 수 있다는 게 종부세의 약점이다.

🏠 처분 단계에서 내는 세금: 양도소득세, 상속·증여세

마지막 처분 단계에서 내는 세금은 주로 양도소득세다. 양도차익이 발생하면 양도세를 내는데, 이때도 1세대 1주택 비과세 제도가 적용되므로 양도소득세를 아예 내지 않는 구간이 존재한다. 원래 1세대 1주택 비과세 구간은 최대 9억 원이었는데, 2021년 법 개정을 통해서 이 구간이 12억 원이 됐다. 즉, 매도가액이 12억 원을 넘지 않는 주택은 양도소득이 얼마든 간에 세금이 0원이라는 의미다.

반대로, 다주택자는 중과세율을 적용받는다. 중과세율이란 기본세율에 추가로 +20%p, +30%p의 세율을 더한다는 의미다. 기본세율의 구간이 6~45%이므로 여기다 더하면 조정지역 내에서 2주택자의 세율은 26~65%가 되고, 3주택자는 36~75%가 된다.

상당한 규모의 세금을 부과하게 되는 것이다.

취득 시, 보유 시, 처분 시를 규정하는 세금 제도 중 가장 복잡한 세금은 양도소득세다. 양도소득세는 비과세처럼 아예 내지 않을 수도 있지만, 반대로 다주택자 중과세처럼 상당한 세금을 낼 수도 있다. 주택 수를 잘못 계산했다가 비과세에서 중과세로 바뀌는 사례도 적지 않다.

두 번째 복잡한 세금은 종부세다. 종합부동산세는 인별 과세다 보니, 건별 과세로 재산세처럼 과세 대상 부동산에 뿌려놓고 수확하는 방식이 아니라, 우리나라 모든 개인에게 종합부동산세 부과 대상인지를 확인해야 하는 매우 번거로운 과정을 거치게 된다. 또 종부세는 합산배제의 경우 주택가액과 무관하게 무조건 0원의 개념을 적용받으므로, 타 세금 대비 범주가 너무나 넓다. 그래서 종부세 합산배제는 상당한 혜택인데, 그동안 주택임대사업자나 기업형 임대주택 등에 적용됐다.

부동산 시장이 과열되면서 문 정부는 세금 규제를 강화했다. 그리고 윤 정부는 정반대로 세금 규제를 완화할 계획이다.

세금에 정답은 없더라도, 원칙은 유지되어야

부동산 관련 현행 세제와 윤 정부의 공약을 비교해보자. 어떤 부분이 어떻게 바뀌는지를 안다면, 대비하는 데 큰 도움이 될 것이다. 왼쪽은 현재의 세율 구조를 간략히 설명한 것이고, 오른쪽은 공약을 표기한 것이다.

🏠 취득 단계의 세제 비교

윤 정부의 취득세 관련 정책은 다음과 같다.

취득세에서의 공약은 1세대 1주택자의 경우 1~3%로 되어 있는 주택의 취득세율을 단일세율로 완화한다는 내용이 핵심이다.

그림 6-2 현행 취득 단계의 세율 vs. 윤 정부 공약

취득 단계

기본세율 4%
- 주택취득세 경감
 (주택 1~3%)
- 2주택 이상 취득세 중과
 (8%, 12%)
법인 취득세 중과

윤 정부의 부동산 공약 중

▶ **취득세**
- 1주택자의 원활한 주거 이동을 보장하기 위해
 1~3%인 세율을 단일화하거나 세율 적용 구간
 단순화
- 단순 누진세율을 초과누진세율로 전환
- 생애 최초 주택 구매자에 대해 취득세 면제 또
 는 1% 단일세율 적용
- 조정지역 2주택 이상에 대한 누진 과세 완화

1%가 될 수도 있고 2%가 될 수도 있겠지만, 단일세율을 적용한다면 취득의 부담이 낮아질 것이다.

현재의 취득세 구간 중 1.01~2.99% 구간의 단순누진세율을 초과누진세율로 바꾼다는 내용도 포함했다. 초과누진세율이란 현재의 소득세율과 같이 뒤 구간으로 갈수록 더 높은 세율을 부담하는 것을 말한다. 추가로 생애 최초 구매자에 한해서는 취득세를 면제하거나, 1%의 단일세율을 적용한다는 내용도 담고 있다. 전체적으로는 취득세 부담을 낮춘다는 의미다.

가장 중요한 것은 조정지역 2주택자에게 부과되는 중과세율을 완화해준다는 내용이다. 낮춰주는 세율이 얼마일지는 밝혀지지 않았으나, 시장은 매우 큰 기대를 걸고 있다. 특히 윤 정부가 다주택자에 대해 전향적 태도를 취하고 있기에 다주택자의 취득세를

부동산 기본세율 수준으로 낮춰주지 않을까 하는 생각들도 한다. 취득세를 낮추면 낮출수록 취득이 용이해지고, 높이면 높일수록 취득 부담이 커지는 것이 사실이다.

🏠 보유 단계의 세제 비교

두 번째는 보유 단계의 세제 변화다.

그림 6-3 현행 보유 단계의 세율 vs. 윤 정부 공약

보유 단계	윤 정부의 부동산 공약 중
재산세(물건별 기준) - 재산세 0.1~0.4% 종부세(인별 기준) - 1세대 1주택(0.6~3.2%) - 조정 1세대 2주택 (1.2~6.0%) 주택임대 시 임대소득 과세 (소득세)	▶ 종합부동산세 - 지방세인 재산세와 장기적으로 통합 추진 - 공정시장가액비율을 현재 수준인 95%에서 동결 - 1주택자 세율을 문재인 정부 출범 이전 수준으로 인하 - (1주택자, 비조정지역 2주택자) 150% → 50%, (조정지역 2주택자, 3주택자, 법인) 300% → 200%로 세 부담 증가율 상한 인하 - 1주택 장기보유자에 대해 연령과 관계없이 매각·상속 시점까지 납부 이연 허용 - 보유주택 호수에 따른 차등 과세를 가액 기준 과세로 전환

보유세 중에서 윤 정부가 공약한 부분은 종합부동산세다. 현재 재산세 제도보다는 종부세가 문제라는 입장이다. 특히 장기

적으로 재산세와 종부세를 통합추진한다는 내용이 제도 개선의 핵심이 될 것이다. 재산세는 물건별 과세이고 종부세는 인별 과세인바, 인별 과세인 종부세를 회피할 수 있는 수단은 이미 너무나 많이 발견되고 있다. 그러나 물건별 세금을 낸다면 물리적 부동산이 존재하는 한 회피의 수단이 많지 않으므로 과세 측면에서 재산세가 매우 유리한 것이다.

둘째는 당장 높은 종부세에 대한 조정이다. 큰 틀에서는 1주택자의 세율을 문재인 정부 출범 전까지로 돌린다는 것을 모토로, 공정 시장가액 비율 역시 현 수준에서 동결한다는 내용을 담았다. 아울러 1주택 장기 보유자에 대해서는 연령과 관계없이 매각·상속 시점까지 납부 이연을 허용한다고 한다. 이는 사실상 종부세의 무제한 이연으로 부담을 극도로 낮춰준다는 것을 의미한다. 아울러 현재 종부세 중과의 상한선이 조정지역 2주택자나 일반 3주택자, 법인을 대상으로 최대 300%인 것을 200%로 낮춰 세부담 증가율을 낮춘다는 내용도 포함되어 있다.

아마도 종합부동산세를 낮추려는 계획에도 불구하고, 세법을 개정해야 한다는 측면에서 종부세는 윤 정부 초기에 상당한 논란이 될 수도 있을 것이다. 그러니 장기적으로 세금이 이런 형태로 바뀌리라고 생각하는 것이 좋을 것이다.

🏠 처분 단계의 세제 비교

마지막으로 처분 단계의 세금이다.

그림 6-4 현행 처분 단계의 세율 vs. 윤 정부 공약

처분 단계

매각차익 양도소득세(소득세)
- 기본세율 6~45%
- 중과세율 +20%p, +30%p
- 단일세율 60%, 70%
상속·증여세
재건축 초과이익 환수

윤 정부의 부동산 공약 중

▶ 양도소득세
- 다주택자에 대한 중과세율 적용을 최대 2년간 한시적으로 배제하고 부동산 세제의 종합 개편 과정에서 다주택자 중과세 정책 재검토

윤 정부는 양도소득세의 중과세율을 한시적으로 완화할 계획이다. 이미 3월 말 인수위에서부터 정책을 내고 있는데, 2022년 4월부터 거래하는 다주택자의 양도소득세를 1년간 한시적으로 완화하겠다고 예고했다. 그러나 세법 개정은 그렇게 단순한 것이 아니다. 현재의 소득세법·지방세법·종합부동산세법 등은 만들어지는 데 매우 오랜 시간이 걸렸고, 이후 또 상당한 힘을 소모하면서 개정해온 것이다. 따라서 전체적으로 이런 방향에서 세법 개정을 추진할 것으로 생각하는 것이 좋다. 정권 출범과 함께 일시에 세제가 완화될 것으로 생각하고 주택 관련 거래를 하는 것은 지양해야 한다. 모든 게 확실해진 이후에 해도 늦지 않다.

윤 정부 역시 이를 고려하여 부동산 세제 전반의 정상화를 위한 TF를 구상하고 있다. 세금은 아마도 윤 정부 기간 내내 첨예한 주제가 될 것이다. 다만, 세계적으로 세금을 많이 걷는 정부는 국민에게 인기가 없고 세금을 내리는 정부는 인기가 높다. 과세를 강화해온 문재인 정부 덕분에 윤석열 정부에서는 과세를 완화할 수 있다는 측면에서 운이 좋다고 할 것이다.

 윤 정부의 부동산 공약 중

▶ **부동산 세제 전반의 정상화 방안 추진(TF 구성)**
- 부동산 세제를 부동산 시장 관리 목적이 아닌 조세 원리에 맞게 개편하고, 보유세는 납세자들의 부담 능력을 고려하여 부과 수준과 변동폭 조정

새 정부의 부동산 정책,
핵심에 집중하자

이 책의 1차 원고는 윤석열 후보가 당선인이 된 3월 10일부터 작성하기 시작했다. 기획은 그 이전부터 했지만 어느 후보가 대통령이 되느냐에 따라 상당히 다른 주택·부동산 정책이 펼쳐질 것이어서 긴장 속에 개표 결과를 지켜봤다. 새 정부의 부동산 정책은 박근혜 정부의 부동산 정책과 맥이 닿아 있는데, 특히 기업형 임대주택(뉴스테이)을 다시 추진한다는 점에서 시사하는 바가 크다. 현시점에서 기업형 임대주택을 기억하는 사람이 많지 않기에, 이것이 다시 도입되었을 때의 시장 변화를 설명할 생각으로 책을 즐겁게 준비할 수 있었다.

이후 두 달여 간의 준비 과정을 거쳐 책을 완성하던 중에 인수위원회와 새 정부의 출범을 지켜보게 되었다. 그 기간에 윤석열 대통령의 공약집상에서 나왔던 얘기를 인수위원회가 뒤집기도 하고, 더 보강하기도 한다는 식의 언론 보도가 잇따랐다. 특히 110대 국정과제가 발표된 날인 5월 3일을 잊지 못하는데, 110대 국정과제와 대통령 공약집을 비교하면서 두 정책의 차이점을 살펴봤다. 특히 저자 입장에서 '공약집의 내용이 변경되거나 후퇴할 때는 원고를 수정해야 하나?'라는 고민이 됐지만, 110대 국정과제와 공약집까지 모두 섭렵하고 나니 그대로 내는 것이 좋겠다는 생각이 들었다.

공약집과 110대 국정과제에서 차이가 나는 곳은 두 가지 정도다. 하나는 2기 GTX에 대한 부분으로, 공약집상에서는 GTX D·E·F를 모두 신설한다고 되어 있는데 110대 국정과제에서는 D는 추진하고, E와 F는 검토를 하는 것으로 표현이 한 단계 후퇴했다. 이에 대해 언론 등이 지적을 하니, 인수위에서는 검토가 후퇴는 아니라고 대응했다.

또 공약집에서는 리모델링을 건축법에서 분리해 별도의 법안으로 만든다고 했으나, 110대 국정과제에서는 1기 신도시 재건축은 공약대로 신규 법안을 만들지만 리모델링에 대해서는 언급되지 않아 자칫 후퇴하는 것으로 보였다. 이 부분 역시 언론 등이 지적하니, 빠진 것이 아니라는 인수위 대응이 나왔다.

그 밖에 원희룡 국토부 장관이 후보자 시절에 언론 앞에서 밝힌 내용들이 대통령 공약집과 차이가 있다는 점들도 지적됐다.

이런 일련의 사태를 보면서 공약이 후퇴하는 것 아니냐며 우려하는 목소리도 높다. 하지만 원래 정책이나 공약은 상황에 따라 달라지기 마련이다. 특히 계획하는 시점의 환경과 추진하는 시점의 환경이 크게 차이 날 경우 얼마든지 바뀔 수 있다. 미국 연방준비은행이 보여준 2021년의 행동과 2022년의 행동을 비교해보면 쉽게 이해할 수 있을 것이다. 그러나 정책의 본질은 그 철학에 있고, 따라서 새 정부의 주택·부동산 시장 철학은 그대로 유지되리라고 보는 것이 합리적이다. 새 정부는 임대차 시장을 안정화하는 방식으로 다주택자를 우대하고, 주택임대사업자 제도를 부활하며, 임대주택의 공급원으로 기업형 임대주택사업자를 다시 육성할 계획을 하고 있다는 점이 가장 중요한 변화다.

세제상으로는 취득-보유-양도 등 부동산 생애주기 전 단계에 걸쳐서 과도한 세율을 지양하고, 거래가 정상화되게 하는 것을 목표로 한다. 어느 정부나 투기적 목표에 대해서는 징벌적 과세를 적용하며, 일반 거래에 대해서는 과도한 부담을 지우지 않고자 한다. 다만, 투기에 대한 기준도 단순히 주택 수를 기준으로 하던 것에서 벗어나 합리적으로 변화할 것이다.

주택 공급에서도 신도시를 계속 양적으로 확대하는 것이 아니라 구도심 재정비를 통해서 구도심에 주택 공급을 늘리는 형태로 전환한다. 이를 위해서 재건축·재개발·리모델링 등 정비사업

성격의 사업들을 활성화할 계획이고, 이 과정에서 발생할 대규모 이주 수요에도 대비하고 있다. 수요·공급·세제 관련 종합적 정책 상의 변화이자, 정부가 바뀌면서 180도 달라진다고 느껴질 정도의 변화다.

알다시피, 부동산 시장에서 정부의 역할은 막대하다. 진행 과정에서의 시차는 있을지언정, '이런 철학을 갖는 정부가 들어섰으므로 이런 정책을 서서히 써나가겠구나'라고 생각하는 것이 어떨까 싶다. 그런 의미에서 새 정부의 철학과 공약을 이 책을 통해 소개할 수 있다는 점을 저자로서 매우 뜻깊게 생각한다.

2016년에 『뉴스테이 시대, 사야 할 집 팔아야 할 집』이라는 책을 써냈다. 2013년 4·1대책을 통해 박근혜 정부의 철학을 처음 접하고, 이어 2015년 1월 기업형 임대주택 관련 정책을 발표한 박근혜 정부의 계획에 충격을 받아서 쓴 책이다. 그 책을 출간함으로써 나는 부동산 책의 저자로서 또 부동산 시장의 인플루언서로 활동할 수 있었다. 당시 그 책에서는 시중에 만연한 일본화론과 국내 부동산 폭락론에서 탈출하여 정부가 원하는 새로운 그림이 무엇인지를 제시했다. 어떤 정책이 어떻게 달라지고 있으므로 시장이 강세장으로 변할 수 있다는 의견이 핵심이었다. 당시 분위기상으로는 일반적인 의견이 아니었는데, 다수의 의견에 반대하는 나의 청개구리 기질, 즉 콘트래리언적 성격의 내 모습을 그대로 드러낸 것이었다.

박근혜 정부로부터 10년이 지난 현시점에 윤석열 정부 시대에 '사야 할 집 팔아야 할 집'이라는 제목의 책을 다시 펴낼 수 있어서 매우 감회가 새롭다. 현재는 똘똘한 한 채가 중심인 주택 시장이 이어지고 있어서, 이 책에서 제시하는 '다주택-소형 주택' 중심의 시장이 펼쳐지리라는 의견은 다시 한번 나의 청개구리 기질을 보여주는 것이 아닐까 싶다. 현재로서는 '그렇게 변할 수가 있어?'라는 분위기가 지배적이니 말이다.

그러나 현재의 똘똘한 한 채 중심 시장도 문재인 정부 5년간의 주택·부동산 정책에 따라 자연스럽게 귀결된 모습이라는 점을 이해한다면, 앞으로 5년 후의 모습 역시 새 정부의 부동산 정책에 따라 변화해나갈 것임을 쉽게 유추할 수 있을 것이다. 지금 시점에서 나의 분석이 시장 다수의 생각과 다소 다른 점이 있음에도, 이 내용을 책으로 풀어낼 기회를 제공한 포레스트북스에 감사의 말씀을 전한다. 독자들도 이 책을 통해서 멋진 상상을 할 수 있었으면 하는 바람이다.

사야 할 집
팔아야 할 집

초판 1쇄 발행 2022년 6월 7일
초판 2쇄 발행 2022년 6월 13일

지은이 채상욱
펴낸이 김선준

기획·책임편집 송병규
표지 디자인 소금광산
본문 디자인 김영남
마케팅 권두리, 신동빈
홍보 조아란, 이은정, 유채원, 권희, 유준상
경영관리 송현주, 권송이

펴낸곳 ㈜콘텐츠그룹 포레스트 **출판등록** 2021년 4월 16일 제2021-000079호
주소 서울시 영등포구 여의대로 108 파크원타워1 28층
전화 02) 332-5855 **팩스** 070) 4170-4865
홈페이지 www.forestbooks.co.kr **이메일** forest@forestbooks.co.kr
종이 ㈜월드페이퍼 **인쇄·제본** 한영문화사

ISBN 979-11-91347-87-6 (03320)

㈜콘텐츠그룹 포레스트는 독자 여러분의 책에 관한 아이디어와 원고 투고를 기다리고 있습니다. 책 출간을 원하시는 분은 이메일 writer@forestbooks.co.kr로 간단한 개요와 취지, 연락처 등을 보내주세요. '독자의 꿈이 이뤄지는 숲, 포레스트'에서 작가의 꿈을 이루세요.